Jaime Mazurek

EL RESTAURACIONISMO
APOSTÓLICO

El verdadero oficio del Apóstol en la iglesia

La misión de Editorial Vida es ser la compañía líder en satisfacer las necesidades de las personas con recursos cuyo contenido glorifique al Señor Jesucristo y promueva principios bíblicos.

EL RESTAURACIONISMO APOSTÓLICO
Edición en español publicada por
Editorial Vida – 2008
Miami, Florida

© 2008 por Jaime Mazurek

Edición: *Carlos Peña*
Diseño interior: *Good Idea Productions, Inc.*

ISBN - 978-0-8297-5589-3

Categoría: Iglesia cristiana / General

IMPRESO EN ESTADOS UNIDOS DE AMÉRICA
PRINTED IN THE UNITED STATES OF AMERICA

13 14 15 16 ❖ 7 6 5 4 3 2

CONTENIDO

PRÓLOGO

*T*enemos una deuda enorme con el hermano Jaime A. Mazurek, que escudriñó los anales de la historia de la iglesia, las Escrituras, la hermenéutica y la teología de manera extraordinaria y minuciosa, a fin de ayudarnos a entender mejor la corriente teológica actual, que propone la restauración de apóstoles en la iglesia.

Nos acosan en la actualidad innumerables ideas de lo que es un apóstol. Podríamos confundirnos o caer en un desconsuelo perjudicial, pero no podemos permitir que la amargura y el tradicionalismo nos embarguen. Por eso nos vemos en la urgente necesidad de comprender el problema y actuar con sabiduría. Este libro, con gran satisfacción lo digo, trata el asunto con tal maestría que es fácil de entender. Le da la sensación al lector de que ha estudiado en un seminario bíblico sobre lo que es el apostolado.

Hace muchos años conozco a Jaime Mazurek. Veo que arde en su alma una sed por saber más de las Escrituras y del mundo que lo rodea. En el caso de este volumen, quien lo lea notará en seguida que el autor ha pasado horas interminables en sus investigaciones. Esta obra nos hacía mucha falta. Ahora podemos estar equipados para hacerle frente a la corriente del restauracionismo apostólico desde una perspectiva clara.

Es muy común oír que necesitamos una o unas nuevas revelaciones para renovar y ampliar nuestro entendimiento de la Palabra de

5

Dios. Mazurek señala que varios grupos religiosos a través de la historia de la iglesia han llegado a creer que sus profetas han recibido nuevas verdades, sin entender que ya tenemos la revelación completa. Tenemos que comprender que no hay nada que añadir a lo que el Espíritu Santo ha provisto a través de la Biblia. El autor, en el capítulo dos, nos ofrece algunos ejemplos de grupos que andaban sirviendo al Señor pero que llegaron a un momento donde hicieron caso omiso a propósito de que la revelación ya está completa. Todo esto ha producido ideas tergiversadas sobre nuevas «revelaciones», y persiste el problema.

Me desconcierta que en ocasiones algún creyente me pida que le dé una palabra (una revelación nueva) para su vida.

Mazurek señala cómo en tantas ocasiones los estudiantes de las Escrituras carecen de claros pasos hacia una hermenéutica correcta. Si no le damos importancia a esta materia, puede «envenenar» nuestro entendimiento de la verdad. Por ello, el capítulo tres nos hace el llamado de prestarle atención a esta herramienta. Usaré esta parte la próxima vez que dicte una clase de hermenéutica.

El capítulo cuatro, por su parte, nos invita a apreciar de nuevo la teología. ¡Qué lástima que muchos hermanos no se relacionen tan estrechamente con la teología y que incluso algunos digan que estudiarla puede ser perjudicial! Hay quienes dan mayor importancia a lo que el creyente siente que a lo que la Biblia le quiere enseñar a cada cristiano. Predican que la salvación se da si se siente, insinúan que la verdad se conoce por las emociones; pero es tan inestable lo que se siente. Para algunos, el grito de júbilo tiene más importancia que la seguridad que da «la Palabra de Dios».

El autor hizo mucho más que «rasguñar» el tema de estudio. Su investigación cuidadosa presenta con gran tranquilidad y autoridad un conjunto de enseñanzas sobre el apostolado y el restauracionismo. Por lo tanto, los que deseen cumplir a cabalidad el llamado del Señor de extender su reino en este nuevo siglo encontrarán una gran ayuda si leen y estudian este ejemplar en su totalidad.

Floyd Woodworth W.

INTRODUCCIÓN

«Antes bien, examinadlo todo cuidadosamente, retened lo bueno».

(1 Ts 5:21)

a partir de finales del siglo veinte y principios del veintiuno, surgió entre evangélicos carismáticos y pentecostales de Latinoamérica y gran parte del mundo una corriente teológica que aboga por la restauración del oficio del apóstol tanto como ministerio de elevada importancia y autoridad en cuanto al gobierno eclesiástico como de interpretación de las Escrituras.

Desde los Estados Unidos, Gran Bretaña, Australia, Centroamérica y otros lugares se anuncia que Dios está hoy restaurando el ministerio del apóstol en la iglesia. Numerosos libros que explican y defienden esta idea se encuentran a la venta en librerías cristianas de habla castellana. Hay propuestas de un cambio de paradigma en relación al gobierno eclesiástico: de un sistema congregacional o presbiteriano a otro más episcopal o, mejor dicho, apostólico. Las «redes apostólicas» se perfilan como el modelo de gobierno ideal para la supervisión de las iglesias. Los «equipos apostólicos» y el «ministerio quíntuple» se promueven como modelos ministeriales neotestamentarios que deben seguirse hoy. Se enseña que tanto las iglesias como los creyentes necesitan contar con «cobertura apostólica»; es decir, estar bajo liderazgo apostólico para que puedan gozar plenamente de todo lo que Dios les ofrece.

Parece que hubiera un gran interés y alto grado de aceptación en la enseñanza de la restauración de apóstoles en la iglesia. Centenares de pastores con gusto participan de seminarios en donde se les enseña que las denominaciones y el gobierno eclesiástico tipo presbiteriano con sus elecciones a cargos de liderazgo mayormente administrativos no tienen base bíblica y que, en su lugar, se debe levantar un gobierno apostólico sobre las iglesias. Muchas personas, laicos y ministros, anhelan saber de alguien que tenga «palabra fresca», una nueva y profunda comprensión incuestionable de las Escrituras. No cabe duda que el restauracionismo apostólico está ministrando a una sentida necesidad de muchos que desean seguir un liderazgo más seguro, confiable, eficiente y bíblico.

Sin embargo, no todas las organizaciones pentecostales y carismáticas ni todos sus ministros miembros están de acuerdo con esta nueva posición. Las Asambleas de Dios en diversos países (como Guatemala, Cuba y los Estados Unidos) ya emitieron declaraciones oficiales y pidieron cautela frente a esta corriente. Se puede vislumbrar en el horizonte cercano un potencial e importante conflicto que podría surtir grandes efectos entre las iglesias latinoamericanas y del mundo.

Por lo tanto, es muy necesario que se investigue a fondo la enseñanza de la restauración del oficio del apóstol en la iglesia: sus orígenes, contenido y aplicaciones prácticas, y que se determine cuáles son los elementos positivos y los elementos no deseables de esta corriente.

Como se mencionó antes, un vistazo a las librerías cristianas latinas muestra que abunda literatura sobre el tema de la restauración de apóstoles (mayormente de autores como Peter Wagner, Bill Hamon, Héctor Torres y John Eckhardt, entre otros). Todas estas producciones abrazan con gran entusiasmo la «nueva era posdenominacional», también llamada la «Nueva Reforma Apostólica», y celebran a sus líderes, los «apóstoles restaurados», que sin reserva se recomiendan entre sí y se escriben las introducciones de sus respectivos escritos. Sin embargo, es muy difícil encontrar alguna obra que trate el mismo asunto desde una perspectiva más objetiva y crítica, y que indague en rigor las bases bíblicas e históricas de estas enseñanzas. Este libro, en efecto, se escribió con ese fin. Se espera, por supuesto, que contribuya de alguna manera al diálogo que ya resuena por el continente.

Como autor de esta obra, debo señalar que respeto, estimo, saludo y abrazo a los seguidores del restauracionismo apostólico actual como mis hermanos en la fe cristiana, evangélica y pentecostal. Es más, cuento con varios amigos, buenos amigos que están muy comprometidos con este movimiento. Y aunque no comparto sus puntos de vista sobre ciertos asuntos, no dejo de amarles como mis hermanos y colaboradores en la causa de Cristo.

Este libro se escribió como resultado de un estudio profundo y prolongado del movimiento actual a favor de la restauración de apóstoles en la iglesia. Varios años de estudio de las Escrituras, obras de historia eclesiástica y teología, como también la asistencia personal a congresos y eventos que promueven la restauración de apóstoles, hay detrás de esta obra. Lo que ha quedado claro es que las afirmaciones fundamentales del restauracionismo apostólico de comienzos del siglo veintiuno no resisten al escrutinio histórico, hermenéutico y teológico. Mis estudios y observaciones de este movimiento me han convencido de que el esfuerzo actual para restaurar apóstoles en las iglesias evangélicas no es una restauración auténtica ni necesaria.

Esta obra propone comprobar que el movimiento actual a favor de la restauración de apóstoles en la iglesia, o como lo llama Wagner: «La Nueva Reforma Apostólica»;[1] no es la supuesta trascendental y escatológicamente necesaria revelación de Dios que, en caso de obedecerse, dará paso a los tiempos finales, sino una manifestación más de «restauracionismo exclusivista», un fenómeno común en la historia eclesiástica en el cual algún grupo cristiano reclama haber restaurado algún elemento primitivo de la iglesia, hoy desaparecido, pero, según ellos, absolutamente esencial para que la iglesia vuelva a su pureza primitiva y para que se produzca la Segunda Venida de Cristo. Todo esto motivó a que llamara a esta producción: «El restauracionismo apostólico», título que no se ve en la literatura que favorece el movimiento actual, pero que aun así expresa muy bien su naturaleza.

Hay que señalar que ha habido a través de los tiempos muchos esfuerzos restauracionistas buenos y legítimos. No hay duda de que con el tiempo, la iglesia fue perdiendo diversos aspectos de la fe y experiencia de la iglesia primitiva, cosas que han sido restauradas poco a poco

---

1 Peter Wagner, *Apostles and Prophets the Foundation of the Church*, Regal Books, Ventura, CA, EE.UU., 2000, p. 21.

durante los últimos siglos: tales como la doctrina de la justificación por la fe, la sanidad divina y el bautismo en el Espíritu Santo con la evidencia inicial de hablar en lenguas, entre otras.

Pero no todo lo que se ha proclamado como una «restauración» durante los tiempos modernos así lo ha sido. Diversos grupos han «restaurado» cosas tan diversas como el lavamiento de pies, la manipulación directa de serpientes venenosas, la vida comunitaria de la iglesia (p.e. cuáqueros y otros grupos mennonitas), la teología no trinitaria (los «Solo Jesús»), la revelación directa junto con inspiración canónica o semicanónica (p.e. mormones, adventistas), y diversas formas de ascetismo y gobierno teocrático. Todos estos movimientos se levantaron bajo la consigna de ser restauraciones necesarias de realidades neotestamentarias esenciales para la vida cristiana, cuando en verdad no eran restauraciones legítimas; pues lo que proponían no era parte de la vida cristiana normal del primer siglo ni algo repetible para nuestros tiempos.

Los movimientos restauracionistas no tienen nada de nuevo. En su libro titulado *El principio restauracionista*, escrito en 1960, el historiador de la Iglesia Discípulos de Cristo, Alfred DeGroot, hace una muy atinada observación sobre este fenómeno a través de la historia: «El primitivismo legalista o restauracionismo ha impedido y limitado el desarrollo espiritual y el crecimiento de muchos movimientos previos. Las listas de los censos se llenan de nombres de grupos cristianos que "descubrieron" una o varias enseñanzas de la Biblia que habían sido ignoradas por las comuniones históricas mayores, y que luego se convirtieron en la gran causa de una nueva cruzada. Alguna doctrina o pequeño conjunto de doctrinas vino a ser la única oferta de la ambiciosa empresa. Es posible ver y estimar a través de la larga experiencia de la iglesia que la mayoría de estas empresas ha prosperado según el rango de su visión. Una estimación restringida y limitada de la vida y fe cristiana en su integridad produce una comunión con las mismas características. La vana satisfacción con éxito limitado predispone a la pequeña comunidad a aislarse de los asuntos y las corrientes de la vida de la iglesia entera».[2]

---

2   Alfred T. DeGroot, *The Restoration Principle,* Bethany Press, St. Louis, MO, EE.UU., 1960, p. 7.

Se aprecia entonces que el restauracionismo exclusivista es un fervor en pos de la restauración de algún aspecto de la vida y fe de la iglesia primitiva que se siente como desaparecido en el presente. Por causa de la falta de ese elemento clave, se mira con subestimación y escepticismo a lo que las iglesias hayan hecho desde entonces. También se atribuye a este elemento restaurado un valor extraordinario, pues en caso de efectuarse su plena restauración, seguramente eso apresurará el retorno de Cristo. En este proceso, el elemento "restaurado" toma dimensiones extraordinarias y llena todo el panorama del ámbito de interés de los restauracionistas y desplaza los demás aspectos de la vida y fe cristiana a un segundo plano. Se convierte en el gran tema célebre de la hora.

En las páginas de este libro, el lector descubrirá que este movimiento de restauración de apóstoles no difiere mucho de otros movimientos afines que han existido a través de la historia eclesiástica, aunque, gracias a la globalización de las comunicaciones internacionales e interministeriales, hoy goza de una difusión y aceptación sin precedentes.

En este estudio se tratará el restauracionismo apostólico de la siguiente manera:

1. *Condición actual del restauracionismo apostólico*

   En el primer capítulo se considerarán las raíces históricas recientes, los protagonistas principales, las afirmaciones fundamentales y algunos problemas de definición que enfrenta el estudiante de este tema. Además, se hará una reseña de algunas posturas tomadas por las Asambleas de Dios en diferentes países.

2. *Crítica histórica del restauracionismo apostólico*

   La primera perspectiva crítica que se usará para examinar este asunto es la historia eclesiástica. El estudio se dividirá en tres períodos: primero, del siglo primero al dieciséis (con especial atención al siglo primero y la Patrística); segundo, del siglo diecisiete al diecinueve (la Reforma y la era confesional); y tercero, el siglo veinte.

3. *Crítica hermenéutica del restauracionismo apostólico*

Aquí se aplicará una crítica hermenéutica a las afirmaciones fundamentales del restauracionismo apostólico, con especial atención a los textos de Hechos 3:21; Efesios 2:20, 3:5 y 4:11 y varios otros que son con frecuencia usados por los apologistas de esta corriente. A menos que se indique algo diferente, las citas textuales bíblicas en todo este libro serán tomadas de la versión La Biblia de las Américas.

4. *Crítica teológica del restauracionismo apostólico*

Esta posición se basará en observaciones críticas desde la bibliología, eclesiología, pneumatología y escatología, perspectivas que permitirán establecer varias conclusiones.

Este libro es fruto de mi tesis de grado para obtener el título de Maestría en Teología de la Facultad de Teología de las Asambleas de Dios de América Latina. Agradezco a todos los hermanos directores y profesores de dicha institución por sus enseñanzas y el ánimo que me dieron para investigar este asunto y en especial a la hermana Judith Bartel de Graner (PhD), que me ayudó como asesora de tesis. Agradezco también a los hermanos de la oficina de archivos históricos, «Flower Pentecostal Heritage Center» de las oficinas nacionales de las Asambleas de Dios en Springfield, Missouri, por brindarme acceso directo a sus expedientes sobre el «Movimiento de la Nueva Orden de la Lluvia Tardía». También a mi esposa Ester y mis hijos Koreen, Jamie y James, agradezco y celebro su constante ánimo y apoyo al verme lidiar con los desafíos de realizar estudios avanzados y a la vez cumplir una agenda ministerial docente bien nutrida.

Espero que esta investigación arroje la luz necesaria para que el lector pueda comprender la realidad del restauracionismo apostólico a comienzos del siglo veintiuno y para que comprenda mejor estas enseñanzas, su historia y sus desafíos.

JAIME MAZUREK

Capítulo uno

¿QUÉ ES EL RESTAURACIONISMO APOSTÓLICO?

> *«El don de apóstol es la capacidad especial que Dios da a ciertos miembros del cuerpo de Cristo para asumir y ejercer liderazgo sobre un número de iglesias con una autoridad extraordinaria en asuntos espirituales que es espontáneamente reconocida y apreciada por aquellas iglesias».*
>
> (PETER WAGNER)

En el prefacio del libro *La restauración de los apóstoles y los profetas,* Héctor Torres escribe: «Vivimos en un tiempo *kairos* para la humanidad, un tiempo de transición. Al entrar en el siglo veintiuno, la iglesia ha de ser restaurada en su plenitud, tal como ha sido el propósito eterno de Dios, cumpliendo así el mandato de la Gran Comisión, y el hacer a las naciones discípulos del Señor Jesucristo. Este período de transición ha sido llamado "posdenominacional" o "La Nueva Reforma Apostólica" ... Esta cosecha no se podrá hacer sin este rol fundamental».[1]

En estas palabras se puede vislumbrar una nueva corriente teológica que ha irrumpido en la escena de las iglesias carismáticas de comienzos del siglo veintiuno: el restauracionismo apostólico. Se habla de una «Nueva Reforma». Hay anuncios de cosas grandes, inéditas en la historia de la iglesia. El mundo evangélico estaría abandonando el sistema denominacional y el gobierno eclesiástico congregacional para reorganizarse alrededor del gobierno de modernos apóstoles.

---

1   Hector Torres, *La restauración de los apóstoles y profetas,* Thomas Nelson Publishers, Nashville, TN, EE.UU., p. xii.

Ahora bien, ¿cuáles son las raíces de este movimiento? ¿Cuáles son sus afirmaciones fundamentales? En este capítulo trataremos de dar respuestas a estas y otras preguntas.

RAÍCES RECIENTES DEL MOVIMIENTO

La piedra angular de esta corriente así como de la mayoría de movimientos restauracionistas es la interpretación que hacen de Hechos 3:19-21: «Por tanto, arrepentíos y convertíos, para que vuestros pecados sean borrados, a fin de que tiempos de refrigerio vengan de la presencia del Señor, y El envíe a Jesús, el Cristo designado de antemano para vosotros, a quien el cielo debe recibir hasta el día de la restauración de todas las cosas, acerca de lo cual Dios habló por boca de sus santos profetas desde tiempos antiguos».

La creencia fundamental de este movimiento en casi todas sus formas es que la Segunda Venida de Cristo no ocurrirá hasta después de una gran «restauración de todas las cosas». Esta restauración no será una consecuencia de la Segunda Venida de Cristo sino algo que necesariamente tiene que pasar antes para que se cumplan las condiciones necesarias que produzcan el retorno de Jesús.

Según esta corriente, el Señor Jesucristo no puede volver sino hasta después de la restauración. La pregunta que surge entonces es: ¿qué es lo que se debe restaurar? o, dicho de otra manera: ¿qué se quiere decir con «todas las cosas»?

Muchos han procurado responder estas preguntas al presentar una u otra cosa que se tendría que restaurar para precipitar la Segunda Venida de Cristo. Dos ejemplos de esto son los mormones y los de la teología del dominio. El apóstol mormón Le Grand Richards en *Una obra maravillosa y un prodigio* cita Hechos 3:19-21 como una profecía de la restauración del evangelio que se habría producido con la publicación del Libro de Mormón.[2]

Para los de la teología del dominio o «reino ahora», la restauración de Hechos 3:21 sería el sometimiento del mundo entero a la iglesia tanto en las áreas políticas, sociales y culturales como en el ámbito religioso. La Segunda Venida de Cristo será entonces posmilenaria. Este, dicen los reconstruccionistas, es el clímax hacia donde conduce

---

2   Le Grand Richards, *Una obra maravillosa y un prodigio,* Deseret Book Company, Salt Lake City, UT, EE.UU., 1979 (p. 31 del original en inglés).

la historia humana. Jesucristo reforzó este mandato al dominio (también llamado «mandato cultural», porque busca transformar la cultura humana) con su orden posresurrección de ir por todo el mundo y hacer discípulos en las naciones (cf. Mt. 28:18-20). La expiación de Cristo restauró al pueblo de Dios a su lugar de dominio legítimo. Cristo expresó la centralidad de este mandamiento en su oración: «Venga tu reino. Hágase tu voluntad, así en la tierra como en el cielo» (Mt 6:10); una oración a favor del dominio mundial del reino de Dios.[3]

Aunque existen conexiones fuertes (en particular a través de Earl Paulk) entre el restauracionismo apostólico y el restauracionismo «reconstruccionista» o de «dominio», el asunto que destaca el primer grupo es la restauración de los apóstoles y profetas. Según este, Pedro estaría anunciando que Cristo no podrá volver a la tierra hasta que la iglesia experimente la plena restauración de los apóstoles a sus ministerios de palabra y gobierno.

Héctor Torres lo afirma de la siguiente manera: «Durante los últimos días, según el apóstol Pedro, viviremos momentos refrescantes, un tiempo de avivamiento refrescante como resultado del arrepentimiento genuino, y un precursor para el retorno de Jesucristo. Para que esto acontezca, hay una condición, una cosa necesaria: *la restauración de todas las cosas*».[4]

Bill Hamon lo explica así: «Jesús quiere volver a la Tierra y reunirse con su esposa, la Iglesia. Dios quiere enviar a Jesucristo a la Tierra por segunda vez … pero no puede, porque Él está retenido, impedido, sujeto en el reino celestial hasta que ciertas cosas acontezcan en la Tierra en su Iglesia (Hechos 3:21)».[5]

Tomando las citas de Torres y Hamon en su contexto, se ve que lo que quieren decir es que Cristo no puede volver, pues está impedido hasta que ciertas cosas ocurran, mayormente la plena restauración del oficio del apóstol en las iglesias.[6]

Cincuenta años antes de que Hamon escribiera esas palabras, la misma idea ya había cobrado mucha fuerza dentro del movimiento

---

3   Bruce Barron, *Heaven on Earth, the Social and Political Agendas of Dominion Theology*, Zondervan, Grand Rapids, MI, EE.UU., 1992, p. 24.

4   Torres, *La restauración*, p. 1.

5   Bill Hamon, *Apostles and Prophets and the Coming Moves of God*, Destiny Image Publishers, Santa Rosa Beach, FL, EE.UU., 1997, p. 104.

6   Luego en esta obra se comentará más sobre el significado verdadero de Hechos 3:21, pero por el momento destacamos solo la interpretación restauracionista.

«Nueva Orden de la Lluvia Tardía» del año 1948 hasta fines de 1950. Este grupo comenzó como resultado de un avivamiento que tuvo lugar en el Orfelinato y Escuela Sarón y el Instituto Bíblico Sarón, ambos de Saskatchewan, Canadá, bajo de la dirección de los hermanos Jorge y Ernesto Hawtin. El avivamiento se extendió entre iglesias canadienses y estadounidenses y tomó la particularidad de enfatizar la idea de que en señal de ser aquellos los tiempos finales, Dios estaba restaurando entonces en la iglesia sus ministerios, dones y gracias, hasta ese instante perdidos o menguados entre el cuerpo de Cristo. Afirmaban que Dios estaba, en efecto, restaurando el «ministerio quíntuple» de Efesios 4:11, la presencia de apóstoles y profetas contemporáneos como fundamento de la iglesia, la capacidad de impartir y conceder dones espirituales por la imposición de manos de los apóstoles y profetas contemporáneos, y el poder en el creyente para vencer sobre toda enfermedad, incluso hasta la muerte.

Según el líder del movimiento «Nueva Orden de la Lluvia Tardía», J. Preston Eby, pronto vendría un derramamiento del Espíritu Santo que «finalmente traerá la PLENITUD, una compañía de Hijos de Dios vencedores que ha llegado a la medida de la estatura de la plenitud de Cristo y que destronará a Satanás, arrojándolo de las regiones celestes, por fin atándolo en la tierra, trayendo la esperanza de la liberación y la vida a todas las familias de la tierra. Esta gran obra del Espíritu conducirá un pueblo hacia la plena redención, libres de la maldición, el pecado, la enfermedad, la muerte y la carnalidad».[7]

Ante tal expectativa de tanta victoria lograda por la iglesia antes de la Segunda Venida de Cristo, la idea de la inminencia del arrebatamiento de la iglesia perdió terreno entre los impulsores de la «Lluvia Tardía». George Hawtin, del Instituto Bíblico Sarón, enseñaba que Cristo no volvería hasta que llegara a existir una generación de creyentes tan llenos de las virtudes espirituales restauradas que demostraran al mundo la plenitud del poder del reino de Dios a tal grado que vivirían a perpetuidad.

Entrar a un capítulo nuevo y tan especial como ese sin duda obligaría a la iglesia a reescribir su teología para adecuarla a las nuevas realidades.

---

7   R. M. Riss, «*Latter Rain Movement*», *Dictionary of Pentecostal and Charismatic Movements*, Zondervan, Grand Rapids, MI, EE.U., 1988, p. 534.

En 1948, en la publicación *Sharon Scripture Studies*, Hawtin escribió lo siguiente: «Estamos entrando en la Era del Reino en un sentido ahora, porque el Reino se está formando en nosotros y cuando esté completo ... toda autoridad tanto judicial como religiosa estará investida en la Iglesia de Cristo ... Mientras más entramos en este avivamiento presente, más nos damos cuenta de que casi toda nuestra teología necesita ser ampliada o revisada para acomodarse a la actual medida de luz».[8]

Según el investigador Bruce Barron, las tres nociones fundamentales de la «Nueva Orden de la Lluvia Tardía» fueron: primera, la unidad de la iglesia como prerrequisito indispensable para que se produzca la Segunda Venida de Cristo; segunda, la restauración de los cinco ministerios de Efesios 4:11 con la debida sumisión de todos los creyentes a las autoridades espirituales de los modernos apóstoles y profetas; y tercera, apertura al descubrimiento de nuevas verdades espirituales en la medida que el Espíritu Santo las revela a los modernos profetas.[9] En resumen, que todas las iglesias se unieran en sumisión a la autoridad incuestionable de los modernos apóstoles y sus nuevas revelaciones.

El Concilio General de las Asambleas de Dios en Estados Unidos censuró con fuerza al movimiento «Nuevo Orden de la Lluvia Tardía» en 1949 con una carta dirigida a todos los ministros del Concilio General.[10]

Durante las décadas de 1960 y 1970, la enseñanza restauracionista se mantuvo con vida bajo diferentes nombres y expresiones, particularmente entre varios ministerios evangelísticos de sanidad divina y el movimiento carismático, hasta reaparecer con fuerza en la década de 1990.[11]

PROTAGONISTAS Y LÍDERES

El énfasis actual en la restauración de los apóstoles ha sido principalmente resultado de ministerios basados en Estados Unidos, Inglaterra y otros países de habla inglesa o castellana. Algunos de los voceros más importantes del movimiento son los siguientes:

---

8 Barron, *Heaven on Earth*, p. 76.
9 Ibid., p. 72.
10 Edith Blumhofer, *Restoring the Faith*, University of Illinois Press, Chicago, EE.UU., 1993, p. 210.
11 Ibid., p. 211.

Bill Hamon

Es fundador y obispo sobre el conjunto de ministerios llamado Christian International Ministries Network [Red de Ministerios Cristianos Internacionales]. También es miembro de la Colegiatura de Obispos de la «International Communion of Charismatic Churches» [Comunión Internacional de Iglesias Carismáticas] o ICCC, presidida por Earl Paulk. Es autor del libro *Apostles and Prophets and the Coming Moves of God* y uno de los apologistas más importantes dentro del restauracionismo, cuyas palabras con frecuencia son citadas por otros «apóstoles» de la actualidad. Afirma que ya profetizó sobre más de dos mil personas de que son apóstoles y que deben cumplir tal ministerio.[12]

C. Peter Wagner

Fue misionero en Bolivia entre 1956 y 1971. Destacado profesor de larga trayectoria en el Seminario Fuller y escritor de más de cincuenta libros, sus producciones tratan de las misiones en América Latina, el iglecrecimiento, la guerra espiritual y más recientemente el apostolado restaurado. Su principal obra en español sobre la restauración de apóstoles se titula *Terremoto en la iglesia*. Además, es quizá el mayor líder dentro de esta corriente. Tiene un PhD en Filosofía de la Universidad de California del Sur (USC) y ocupa puestos de liderazgo en diversas organizaciones apostólicas que se crearon hace poco como la Coalición Internacional de Apóstoles, las Iglesias y Ministerios Antioquía, el Consejo Apostólico para la Responsabilidad Educacional y el Consejo Apostólico de Ancianos Proféticos.[13] Es cofundador del Centro Mundial de la Oración en Colorado, Estados Unidos, y autor de las introducciones de casi todos los libros de Eckhart, Torres, Hamon y otros que escriben sobre el apostolado actual.

Héctor Torres

Colombiano de nacimiento y ex alumno de Wagner, es fundador y presidente de Hispanic International Ministries [Ministerios Hispanos Internacionales], entidad que se dedica a enseñar

---

12 Hamon, *Apostles and Prophets*, p. 120.
13 Wagner, *Apostles and Prophets*, pp. 51,66,122.

las doctrinas de la guerra espiritual y el restauracionismo a los ministros hispanos de América. Reside, al igual que Wagner, en Colorado Springs.

John Eckhart

Es pastor y supervisor de los Crusaders Ministries en Chicago, Illinois, autor de una gran cantidad de libritos sobre temas del ministerio apostólico, profético y la guerra espiritual.

Earl Paulk

Es pastor de la Iglesia Chapel Hill Harvester, un ministerio fundado en Atlanta, Georgia, que cuenta con un santuario de siete mil asientos, unos diez mil miembros, programas de televisión y un instituto bíblico, entre muchas otras cosas. Él expresa su creencia en la restauración actual de los oficios de apóstol y profeta con las funciones y autoridad de los tiempos bíblicos. Además, cree que a ellos es que deben llegar las nuevas revelaciones.

Otros protagonistas del restauracionismo apostólico son los norteamericanos David Cannistraci, John Kelly y Cindy Jacobs, el inglés Peter Lyne, el peruano Samuel Arboleda (traductor de los libros de John Eckhardt) y otros hermanos de alrededor del mundo. Cabe resaltar que Wagner y Hamon parecen ser las fuentes principales de la enseñanza de esta corriente, ya que sus obras son las más citadas entre los autores de la literatura de este movimiento.

AFIRMACIONES FUNDAMENTALES DEL RESTAURACIONISMO APOSTÓLICO

Es difícil encontrar una sola fuente que sintetice todas las afirmaciones fundamentales del restauracionismo apostólico. No existe un consenso absoluto entre sus seguidores sobre diversos aspectos de estas creencias. Sin embargo, con base a las fuentes primarias del movimiento, es decir, las obras de Wagner, Eckhardt, Paulk y Hamon, se puede de manera fehaciente resumir su pensamiento de la siguiente manera:

1. *Dios estableció apóstoles y profetas como dones perpetuos a la iglesia, y la falta de reconocimiento de ellos durante la mayor parte de la historia eclesiástica ha sido un gran error que ha retrasado el avance del reino de Dios.*

John Eckhardt afirma: «El oficio apostólico nunca debió cesar; fue destinado a ser un oficio perpetuo en la Iglesia a través de los tiempos. Los once apóstoles entendieron por la profecía de David que este ministerio debe ser suplido cuando haya una vacante (Salmos 109:8; Hechos 1:20) ... El remanente de apóstoles oró pidiendo la guía del Señor para elegir a otro que tomara el lugar de Judas Iscariote ... Cada generación es responsable de orar y creer a Dios para suplir el oficio dejado por la generación anterior. No es la voluntad de Dios que estos oficios permanezcan vacantes. Cuando están vacantes, la Iglesia sufrirá por causa de la ausencia de la unción».[14]

2. *En lugar de apóstoles, las iglesias desde el siglo segundo se han dejado gobernar por maestros y administradores.[15] Este grave error ha impedido que hasta hoy la iglesia logre realizar la Gran Comisión.[16]*

Pedro Wagner explica: «Me maravillo del hecho de que por generaciones hemos dirigido nuestras iglesias en un sentido opuesto [al correcto], como si pastores, maestros y evangelistas fuesen el fundamento... La Iglesia ha de verdad funcionado de esta manera, y ha logrado algunas cosas sobresalientes para el reino de Dios. Pero también supongo que uno podría manejar un automóvil enganchado en reversa desde la ciudad de Toledo, Ohio, hasta Cincinnati, Ohio. Es posible, y se podría cubrir la distancia, pero nadie lo hace. Un auto que viaje tal distancia (trescientos treinta kilómetros) en reversa no está siendo operado como fue diseñado para ser operado. Al comenzar este vigésimo primer siglo, ¡creo que sería mejor que la Iglesia enganchara primera y hasta cuarta o quinta! Piénselo. Si Dios pudo evangelizar a casi

---

14 John Eckhardt, *Moviéndonos en lo apostólico*, Crusader Ministres, Chicago, IL, EE.UU., s.f., p. 31.
15 Ibid.
16 Ibid.

todo el mundo a través de una Iglesia que lo hacía todo al revés, ¡imagínese lo que nos espera ahora que estamos poniendo las cosas en orden!» (*énfasis añadido*).[17]

En sus palabras se aprecia la característica subestimación y escepticismo hacia lo que las generaciones anteriores realizaron y hacia lo que se hace en la actualidad, cosa que es un factor común de los movimientos restauracionistas.

3. *La iglesia de hoy necesita de apóstoles para que vuelvan a hacer las obras fundacionales de los apóstoles del siglo primero.*

Aunque esto parezca una afirmación increíble, la literatura de los proponentes de este movimiento la declara de manera inconfundible. John Eckhardt lo dice así: «A esto hemos llamado el recolocar la fundación apostólica. La fundación anterior de la Iglesia no va a ser suficiente para edificarla y expandirla. Una nueva fundación confiable debe ser colocada en la Iglesia. Una fundación basada sobre la verdad presente debe ser puesta en los creyentes».[18]

En estas palabras se pueden discernir varios elementos de esta corriente: la necesidad de apóstoles que hagan las cosas que hicieron los apóstoles originales, el escepticismo con que se mira a las iglesias de la actualidad, y la necesidad de nuevas revelaciones e interpretaciones de la Biblia, las «verdades presentes».[19]

4. *En Efesios 4:11 se encuentra la fórmula del «ministerio quíntuple», que establece los cinco ministerios claves, esenciales (apóstoles, profetas, evangelistas, pastores y maestros), que deben funcionar y permanecer en las iglesias para que prosperen.*

---

17 Wagner, *Apostles and Prophets*, p. 9.

18 John Eckhardt, *Liderazgo: transición de lo pastoral a lo apostólico*, Crusaders Ministries, Chicago, IL, EE.UU., s.f., p. 12.

19 Es interesante observar que la expresión «verdad presente», como una interpretación nueva de las Escrituras, fue acuñada por la fundadora del Adventismo del Séptimo Día, Elena de White. En 1849 fundó su revista «La Verdad Presente», que hasta hoy sigue en el mercado. «The Ellen White Research Project», publicación digital en la web http://www.ellenwhite.org/egw2.htm#pt1. Búsqueda realizada el 12 de septiembre de 2006.

5. *A los apóstoles les corresponde el primer lugar en el orden de los ministerios (cf. 1 Co 12:28; Ef 4:11).*

6. *Los apóstoles son los máximos receptores de la unción del Espíritu Santo y son capaces de transferirla a otros.*

John Eckhardt escribe: «La unción es transferible. Ella puede ser transmitida de una persona a otra. Esta es la ley de impartición ... Este es el método de Dios de traer su unción a la tierra. El apóstol ha recibido una unción para infundirla porque él recibió una medida de Cristo. El apóstol puede impartirla a los santos, a fin de que al recibirla sean capaces de ministrar en una dimensión apostólica ... La unción apostólica fluye desde Jesús a través de los apóstoles y de éstos a los santos en toda la tierra».[20]

7. *Los apóstoles tienen el máximo grado de autoridad en la iglesia.*

Wagner explica: «Hasta hace poco el enfoque central de la autoridad en nuestras iglesias existía en los grupos, no en los individuos. La confianza quedaba puesta en sesiones, consistorios, comités, juntas de diáconos, directores, congregaciones, presbiterios, asociaciones, concilios generales, gabinetes, convenciones, sínodos, y semejantes cosas. Rara vez se ha colocado la confianza absoluta para la toma de decisiones en manos de individuos como pastores o apóstoles. Esto, sin embargo, decididamente está cambiando en la Nueva Reforma Apostólica».[21]

8. *Los apóstoles proveen «cobertura» a las iglesias y los creyentes que nadie más puede brindar.*

John Eckhardt declara: «La unción apostólica provee una cobertura [protección] a favor de aquellos que se someten a ella. No es la voluntad de Dios que los creyentes retrocedan al mundo, la carne o al diablo ... La unción apostólica es una unción que preserva (Juan 17:12). Provee la capacidad de que podamos

---

20 Eckhardt, *Moviéndonos en lo apostólico*, pp. 104,106.
21 Wagner, *Apostles and Prophets*, p. 25.

mantener y guardar lo que nos ha sido encomendado. Cuando esta unción falta, mucho del fruto y crecimiento obtenido en un determinado tiempo se pierde. Cuando los primeros apóstoles murieron, se perdió mucho fruto y crecimiento que se había ganado» (énfasis añadido).[22]

9. *Los apóstoles reciben «revelaciones» de parte de Dios. También son los más «iluminados» por el Espíritu Santo para comprender e interpretar las Escrituras. Dichas interpretaciones apostólicas son las «verdades presentes»; significados e interpretaciones bíblicas que quizá no se conocieron antes, pero que ahora Dios ha revelado a las mentes de los apóstoles. Los pastores, evangelistas y maestros deben seguir estas directrices e interpretaciones.*

John Eckhardt dice: «Hay más autoridad en la enseñanza de un apóstol, debido a que él va a enseñar con la fuerza de su oficio apostólico».[23] Y Héctor Torres comenta: «Dios usa apóstoles y profetas para recibir por medio del Espíritu Santo la revelación de lo que está oculto. Él les da esta revelación para que ellos la proclamen a su pueblo y para que instituyan los cambios que esta nueva revelación demanda».[24]

Algunos defensores de esta corriente insisten en que creen en la integridad del canon de las Escrituras y que no se le puede añadir nada. Por «revelación» entonces querrán decir lo que en la teología sistemática se suele llamar «iluminación». Sin embargo, al considerar las afirmaciones que hacen sobre las «revelaciones» que reciben hoy los «apóstoles» y su afán por lo que llaman «verdades presentes», francamente queda en duda su compromiso con las afirmaciones anteriores sobre la singularidad de la Biblia.

10. *Los apóstoles son singulares, únicos.*

Pedro Wagner cita a John Eckhardt diciendo: «No hay sustituto para el apóstol. El profeta, el evangelista, pastor o maestro no

---

22 Eckhardt, *Moviéndonos*, p. 119.
23 Wagner, *Apostles and Prophets*, p. 21.
24 Torres, *La restauración*, p. 6.

puede hacer lo que hace el apóstol. Tampoco el apóstol puede hacer lo que otros con otros dones pueden hacer».[25]

Dios está restaurando hoy el oficio y la plena función del apóstol en la iglesia en cumplimiento de Hechos 3:21 y en anticipación de la Segunda Venida de Cristo.

David Cannistraci comenta: «Dios prometió que antes de la Segunda Venida de Cristo vendría una restauración —un volver las cosas a su orden— en la Iglesia (Hechos 3:21). Durante los últimos cuatro siglos hemos visto el desarrollo gradual de esta restauración ... aún necesitamos la manifestación plena del oficio del apóstol».[26]

Estas ideas fundamentales de este movimiento son las que esta obra procurará examinar a la luz de la historia, la hermenéutica y la teología.

EL PROBLEMA DE LA DEFINICIÓN

Una dificultad que surge en el estudio de este movimiento es el asunto de la definición de «apóstol». Hoy, muchos dicen que la iglesia necesita apóstoles, pero no parecen estar de acuerdo en cuanto a la definición de «apóstol» de la que hablan. Este punto es de gran importancia, pues según la definición que se maneje, diferentes grupos identifican y comisionan a sus apóstoles por diversas razones. Mientras exista esta confusión de significados, la comunicación eficaz sobre este asunto se trastorna. Un examen de las expresiones a favor de esta corriente revela que hay variadas definiciones de lo que es apóstol. Repasemos algunas de estas.

1. *Un apóstol es un misionero, uno que va donde Cristo no ha sido predicado y que evangeliza y planta nuevas iglesias.*

Esta es una definición muy bíblica, pues considera el sentido literal del vocablo «apóstol» como «uno enviado». El líder de la rama

---

25 Peter Wagner, *Terremoto en la iglesia*, Caribe Betania, Nashville, TN, EE.UU., 2000, p. 115.
26 David Cannistraci, *El don de apóstol*, Regal Books, Ventura, CA, EE.UU., 1996, s.f., p. 18.

apostólica de las Asambleas de Dios en Sudáfrica, James Mullan, decía: «La obra de un apóstol es la de fundar asambleas».[27] Tristemente, esta no es la definición principal de apóstol que se maneja en el restauracionismo apostólico de la actualidad. En vano, uno busca algo en los libros de Wagner y los otros «apóstoles» modernos que sugiera que ellos están pensando en ir personalmente a Arabia Saudita, Corea del Norte, Libia, u otro lugar cerrado al evangelio. Los apóstoles modernos parecen estar mucho más interesados en ejercer influencia sobre iglesias ya existentes y en establecer estructuras de autoridad (redes apostólicas) que puedan encabezar, antes de ofrecerse a sí mismos para una vida misionera en un lugar hostil al evangelio.

2. *Un apóstol es un mentor, un ministro de vasta experiencia y sabiduría que forma a un grupo de «Timoteos» con su ejemplo e instrucción.*

No hay duda de que la función paternal, orientadora, fue un aspecto importante del ministerio de los apóstoles del primer siglo, y que sigue siendo tan necesario hoy como siempre. Sin embargo, cabe preguntar si los restauracionistas en verdad piensan que la iglesia requiere que esto sea restaurado; es decir, ¿acaso no han existido líderes espirituales mentores en cada generación de la historia de la iglesia? ¿Se requiere ser apóstol para ser un buen mentor?

3. *Un apóstol es un líder carismático que motiva y dirige a grandes grupos de personas.*

Esta definición se emplea bastante para legitimizar el título de «apóstol» a pastores de megaiglesias, que son generalmente personas con grandes dones de comunicación y liderazgo, y gran carisma personal, a las que se suele calificar por el número de personas que su ministerio atiende. Según este criterio, casi cualquier pastor de una iglesia grande podría calificar para el título de apóstol. Peter Wagner afirma que todo pastor de una igle-

---

27 Peter Watt, *From Africa's Soil: The Story of the Assemblies of God in South Africa*, Struik Christian Books, Cape Town, Ciudad de Cabo, Sudáfrica, 1992, p. 86.

sia pujante de más de setecientas u ochocientas personas podría considerarse como un «apóstol-pastor».[28] Un ministerio solitario, misionero en las fronteras inalcanzadas no calificaría para ser apóstol según esta definición, pues no hay grandes masas de personas que atiendan su mensaje.

4. *Un apóstol es uno que dirige una red de iglesias y que coloca profetas, pastores, maestros, evangelistas en las iglesias para que allí ministren.*

Esta definición se acerca más a la calificación que se usa en el restauracionismo apostólico actual. La definición de «apóstol» que postula Wagner es bastante parecida: «El don de apóstol es la capacidad especial que Dios da a ciertos miembros del Cuerpo de Cristo para asumir y ejercer liderazgo sobre un número de iglesias con una autoridad extraordinaria en asuntos espirituales que es espontáneamente reconocida y apreciada por aquellas iglesias».[29]

Esta definición ha llegado a ser casi un «mantra» para muchos seguidores de esta corriente, pues Wagner es el líder más conocido y más destacado de ellos. Además, de esta surge el concepto de las «redes apostólicas» tan fomentadas hoy. No obstante, hay que observar que la definición de Wagner no dice nada sobre ser enviado a tierras lejanas ni de evangelizar, ni siquiera de plantar iglesias nuevas. Es más, no contiene nada sobre «ser enviado», que es la esencia de la definición correcta del término griego *apóstolos* (uno enviado). Lo define como uno facultado por Dios para «asumir y ejercer» liderazgo sobre iglesias, sin importar si las plantó o no. La manera en que está redactada la definición sugiere que se trata de asumir liderazgo sobre iglesias previamente establecidas. De ser así, es comprensible, pues según la biografía oficial de Wagner, que aparece en su sitio de Internet, no menciona ninguna iglesia que haya fundado o pastoreado en persona,[30] aunque seguro pastoreó durante sus años en Bolivia. Su ministerio se ha destacado más bien por la enseñanza y la escritura. Sin embargo,

---

28 Wagner, *Apostles and Prophets*, p. 53.

29 Wagner, *Terremoto en la iglesia*, p. 108.

30 «C. Peter Wagner», publicación digital en la web http://www.globalharvest.org/ index.asp?action=peter. Búsqueda realizada el 15 de mayo de 2005.

aunque no haya sido un plantador o pastor de grandes iglesias, ciertamente se considera a sí mismo un apóstol.

Este es un punto que aparece de forma reiterada en la literatura de este movimiento. Al parecer, hay mucho más interés en ejercer influencia y autoridad sobre iglesias ya existentes que en fundar nuevas en los campos necesitados. John Eckhardt comenta sobre la función de sus «equipos apostólicos» y deja ver que el ministerio apostólico de hoy se trata en buena medida de precisamente eso: «Un equipo apostólico es un grupo de cinco ministros ... dirigidos por un apóstol que puede ir a una región o iglesia y edificarla apostólicamente ... Ellos vienen para ayudar a la Iglesia a romper lo establecido a través de un reino espiritual, de poder y de revelación».[31] Sus palabras acusan las intenciones de esta corriente: ejercer influencia y control sobre iglesias ya establecidas para deshacer sus formas de gobierno y liderazgo actuales y reemplazarlas con las nuevas formas «posdenominacionales» apostólicas. Además, el énfasis en este aspecto del ministerio apostólico no es romper el reino de tinieblas sino las formas de orden y gobierno ya existentes en iglesias fundadas por otros.

5. *Un apóstol es alguien sumamente iluminado en las sagradas Escrituras. Tiene una comprensión de la Palabra de Dios superior, pues recibe «revelación especial» de parte de Dios para interpretar las Escrituras de maneras más profundas que cualquier otro creyente.*

Esta es una parte de la definición de apóstol que este movimiento defiende mucho, y que se tratará de manera particular más adelante. Un ejemplo de esta creencia se puede apreciar en las palabras de la confesión de fe del ministerio World Breakthrough Network, una de tantas organizaciones actuales que se esfuerza en crear una red de apóstoles modernos: «Creemos en los ministerios presentes de apóstoles y profetas colocados en la Iglesia por Jesucristo como ministerios revelacionales y fundacionales, siendo restaurados a su plena función, madurez y autoridad antes del retorno de Jesús».[32]

---

31 Eckhardt, *Liderazgo*, p. 18.
32 «World Breakthrough Network: We Relieve», publicación digital en la web www.wbnetwork.org/spanish/beliefs.html. Búsqueda realizada el 10 de mayo de 2005.

Los apologistas de esta corriente, en algunos casos, enfatizan una u otra de estas definiciones, pero también a veces las mencionan casi a todas.[33] Lo que resta a la vista con las diversas definiciones es que la iglesia ya tiene, y siempre ha tenido todo esto (menos los refundadores de la iglesia y los portadores de nuevas revelaciones, cosas que sí varias sectas falsas alegan tener).

Por otra parte, de cada generación de creyentes Dios ha levantado a sus misioneros, sus plantadores de iglesias, sus mentores, sus grandes obispos y líderes, sus sobresalientes teólogos y grandes predicadores que han velado por la salud de las iglesias. Sin embargo, uno se pregunta lo siguiente: ¿cuál entonces es la novedad en esta «restauración»?, ¿acaso si no hay un apóstol, es imposible que haya un líder carismático o un plantador de iglesias?, ¿esta restauración de apóstoles en verdad aporta algo nuevo o es solo un rótulo más para todo líder carismático exitoso?

La conclusión obvia, pero que la literatura restauracionista no admite de manera abierta, es que esta corriente no está tan interesada en que al fin hayan grandes pastores, mentores, misioneros o teólogos «apóstoles»; ellos ya existen, y ahí no hay nada que «restaurar». Su intención, en efecto, es que se levanten modernos apóstoles con los mismos roles especiales de Pablo y los doce apóstoles del Señor, roles fundacionales y revelaciones para la iglesia de ese tiempo, y una autoridad indiscutida; y he ahí el gran problema.

POSTURAS RECIENTES FRENTE AL RESTAURACIONISMO APOSTÓLICO

Las Asambleas de Dios de Guatemala

Guatemala es sin duda una de las naciones donde ha impactado con gran fuerza el mensaje de esta corriente. Con un alto porcentaje de población evangélica, y en su mayoría carismática o pentecostal, es un lugar fértil para esta enseñanza. A fines de 2000, se celebró en Ciudad de Guatemala un «acto de reconocimiento de apóstoles», en el cual,

---

33 A veces también hay contradicciones, como lo que este escritor personalmente vio en Chile durante un seminario sobre el ministerio apostólico en 2001, con la presencia de dos apóstoles, uno peruano y otro argentino. El segundo decía que la función del apóstol era ayudar a las iglesias, pero no gobernarlas; el peruano, en cambio, afirmaba durante su conferencia que, en efecto, la función del apóstol era gobernar las congregaciones.

catorce ministros, la mayoría pastores de grandes iglesias, fueron reconocidos como apóstoles.

El Presbiterio General de las Asambleas de Dios, liderado por el superintendente nacional Orlando Herrera Pinzón, luego reaccionó emitiendo una declaración titulada «El apostolado bíblico». Este escrito termina así: «Las Asambleas de Dios en Guatemala no acepta ninguna enseñanza contraria a las Sagradas Escrituras en el sentido de: sucesión, autoridad y nominación pública, que se le quiere dar a una persona o personas relacionadas con el apostolado».[34]

Las Asambleas de Dios de Cuba

A pesar de muchos desafíos, la obra de las Asambleas de Dios en Cuba ha crecido de forma tremenda durante los últimos años. Entre 1959 y 1989, el número de iglesias se mantuvo cerca de cien, pero entre 1989 y 1990 vino un mover de Dios a aquella isla que produjo un crecimiento fenomenal. Hoy es difícil precisar cuántas congregaciones hay, pero se sabe que en 1990 había ochenta y nueve y para enero de 2003 había oficialmente tres mil trescientos cuarenta y siete.[35]

Con mayores oportunidades de viaje e intercambio con las iglesias de otros países de norte, centro y Suramérica, desde el cambio de milenio, la iglesia cubana se ha encontrado con toda la variedad de nuevas corrientes teológicas. Por causa de lo mismo, los líderes asambleístas formaron un equipo de treinta y dos líderes, pastores y maestros bien preparados en la Palabra y la doctrina para formar la Dirección de Investigaciones Teológicas (DIT) de las Asambleas de Dios de dicho país.

En enero de 2004, la DIT publicó un folleto de cuarenta y ocho páginas titulado «Posición doctrinal de la Iglesia Evangélica Pentecostal de Cuba (Asambleas de Dios) ante la Nueva Reforma Apostólica». Después de hacer un análisis profundo del movimiento Nueva Reforma Apostólica, el equipo concluyó diciendo: «Consideramos que la Nueva Reforma Apostólica constituye una amenaza a la unidad de la

---

34 Presbiterio General de las Asambleas de Dios de Guatemala, *El apostolado bíblico*, *Declaración Oficial*, s.f., p. 4.

35 Eduardo González, ed., «Posición doctrinal de la Iglesia Evangélica Pentecostal de Cuba (Asambleas de Dios) ante la Nueva Reforma Apostólica», Dirección de Investigaciones Teológicas de las Asambleas de Dios de Cuba, La Habana, Cuba, 2004, p. 36.

iglesia nacional, por su promoción al desacato y a la desobediencia de las autoridades eclesiásticas. Todo esto desplaza la visión y el mensaje cristocéntrico, dirigiendo la atención hacia el orden de jerarquía y no hacia el servicio abnegado. Consideramos que todo aquel que dentro de nuestras congregaciones intente promover, propagar o establecer este movimiento debe ser impedido en el ejercicio de sus acciones, buscando la manera de hacerle ver sus errores. De no retractarse de sus propósitos, debe ser separado de nuestra organización».[36]

Como ven, los hermanos cubanos han tomado una posición clara y firme sobre este asunto.

Las Asambleas de Dios de los Estados Unidos

La controversia sobre la restauración de apóstoles se siente con fuerza en los Estados Unidos, ya que la mayoría de los exponentes de la doctrina (Wagner, Hamon, Cannistraci, Jacobs, etc.) son estadounidenses. Las Asambleas de Dios de los Estados Unidos entraron en este debate con un historial de lucha hacia las mismas ideas a partir de la controversia por la Nueva Orden de la Lluvia Tardía de 1949. El 11 de agosto de 2000 se anunció en el Concilio General la adopción de parte del presbiterio general de un documento titulado «Endtime Revival – Spirit-Led and Spirit-Controlled – A Response Paper to Resolution 16» y que afirma: «En tiempos de avivamiento, Dios frecuentemente recuerda a la Iglesia algunas verdades abandonadas. Cuando esto sucede, es fácil que se vaya a extremos. Algunos rechazarán la restauración de una doctrina, mientras que otros en su celo irán más allá de las enseñanzas de las Escrituras. Ambos extremos son dañinos y causan el reproche de la causa de Cristo».[37]

La declaración oficial continúa identificando una serie de «enseñanzas desviadas desaprobadas». La primera es la siguiente: «El superénfasis en la identificación, entrega o impartición de dones espirituales por la imposición de manos y el nombramiento de dones específicos, supuestamente por medio de profecía»; y la segunda: «La enseñanza problemática de que apóstoles y profetas del tiempo presente han de gobernar

---

36 Ibid., p. 47.
37 Presbiterio General de las Asambleas de Dios de los Estados Unidos, *Endtime Revival – Spirit-Led and Spirit-Controlled – A Response Paper to Resolution 16*, 11 de agosto de 2000.

a los ministerios de la Iglesia en todos sus niveles».[38] Esta declaración comienza este punto diciendo: «Es muy tentador para personas con espíritu independiente y una estimación exagerada de su propia importancia en el Reino de Dios declarar a toda organización y estructura administrativa como siendo de origen humano. Leyendo en la Biblia que hubo apóstoles y profetas que ejercieron liderazgo de gran influencia, e interpretando mal a 1 Corintios 12:28 y Efesios 2:20 y 4:11, proceden a declararse a sí mismos o a personas simpatizantes con sus ideas como profetas y apóstoles. Pero una estructura levantada para evitar a otra estructura previa prontamente se puede tornar dictatorial, presumida y carnal mientras reclama ser más bíblica que la anterior, fuera de la nueva orden u organización».[39]

Luego de exponer el punto de vista del presbiterio en cuanto al significado de los pasajes claves de Efesios 2:20; 3:5 y 4:11, la declaración continúa diciendo: «Afirmamos que hay y que deben existir ministerios del tipo apostólico y profético en la Iglesia, sin que individuos sean identificados como quienes ocupan dichos oficios».[40]

El 5 de diciembre de 2000, George Wood, el entonces Secretario General, ahora Superintendente General de las Asambleas de Dios de Estados Unidos, habló ante una asamblea de superintendentes distritales y presidentes de universidades e institutos bíblicos de la denominación sobre el asunto: «El apostolado en la Iglesia de hoy».[41] En su esencia, su discurso fue una fuerte advertencia contra las ideas de Bill Hamon y Peter Wagner a propósito de la restauración de apóstoles, y una evaluación crítica de sus escritos. Una de sus conclusiones fue: «Ni en las iglesias misioneras de Hechos ni en las cartas del Nuevo Testamento se presentan a apóstoles y profetas como oficios permanentes en la iglesia local ni como gobernantes de las iglesias trans-locales».[42]

Y no menguaron las inquietudes sobre los ministerios apostólicos en las Asambleas de Dios de Estados Unidos. El 6 de agosto de 2001, el presbiterio general aprobó una declaración titulada: «Apóstoles y

---

38 Ibid.
39 Ibid.
40 Ibid.
41 Los apuntes que el hermano Wood usó luego fueron fotocopiados y repartidos a los asistentes, uno de estos favoreció a este investigador con una copia.
42 George Wood, *Apostleship in the Church Today*, alocución dada a superintendentes y secretarios distritales y presidentes de universidades. Apuntes no publicados. 5 de diciembre de 2000.

Profetas», en la que explica su postura frente al movimiento restauracionista. Después de una exposición bíblica mucho más extensa que la presentada en 2000, la obra concluye afirmando: «Por lo tanto, dentro de las Asambleas de Dios no se reconocen a personas con el título de apóstol o profeta. Sin embargo, muchos dentro de la iglesia ejercen la función del ministerio de apóstoles y profetas. Las funciones apostólicas por lo regular ocurren dentro del contexto de abrir campo en áreas no evangelizadas o entre pueblos no alcanzados. El establecimiento de más de doscientas veinticinco mil iglesias por todo el mundo desde 1914 por las Asambleas de Dios no pudo haberse alcanzado si las funciones apostólicas no hubieran estado presentes. Finalmente, se debe notar que los títulos no son tan importantes como el ministerio en sí. Con mucha frecuencia se usa un título con una actitud de orgullo carnal. El título no hace ni a la persona ni al ministerio. La persona con el ministerio da significado al título. Jesús explícitamente advirtió a sus discípulos contra la búsqueda de títulos (Mateo 23:8-12). Él nos dice: "Pero Jesús, llamándolos junto a sí, dijo: Sabéis que los gobernantes de los gentiles se enseñorean de ellos, y que los grandes ejercen autoridad sobre ellos. No ha de ser así entre vosotros, sino que el que quiera entre vosotros llegar a ser grande, será vuestro servidor, y el que quiera entre vosotros ser el primero, será vuestro siervo; así como el Hijo del Hombre no vino para ser servido, sino para servir y para dar su vida en rescate por muchos" (Mateo 20:25-28)».[43]

A pesar de esta declaración, se continuó percibiendo la necesidad de una mayor aclaración, y en agosto de 2003, el Presbiterio Ejecutivo aprobó la siguiente declaración:

«El ministerio apostólico y las Asambleas de Dios de Estados Unidos: una definición operacional.

»El Presbiterio Ejecutivo ha adoptado lo siguiente como una definición operacional en relación con el ministerio apostólico y las Asambleas de Dios de E.U.A.

»El ministerio apostólico bíblico es marcado por líderes enviados por Dios y reconocidos por las iglesias cuyos ministerios, a través de la proclamación ungida del Evangelio con señales y prodigios

---

43 Presbiterio General de las Asambleas de Dios en Estados Unidos, *Apostles and Prophets*, declaración oficial adoptada el 11 de agosto de 2001, pp. 26-27.

acompañantes, resulta en la expansión del Reino de Dios.

»El liderazgo bíblico y apostólico, tal como fue demostrado por la Iglesia primitiva ...

» - Depende enteramente de la recepción del poder del Espíritu Santo para la entrega de sus dones sobrenaturales.

» - Extiende las fronteras del Reino de Dios por el penetrar e impactar a grupos de personas no evangelizadas e inalcanzadas con el Evangelio.

» - Desarrolla relaciones duraderas a través del mentoreo.

» - Recluta, equipa, faculta y entrega a nuevas generaciones de líderes.

» - Planta y desarrolla congregaciones locales neotestamentarias sanas, autosostenedoras y reproductivas.

» - Es permanentemente fructífero a través de la multiplicación de congregaciones neotestamentarias.

» - Modela responsabilidad, integridad y humildad espiritual, aspirando ni a título o a oficio».[44]

Se puede ver en esta declaración que el tono fue cambiando: pasó de confrontar a reconciliar; sin embargo, su postura es la misma. Se reconoce la existencia de ministerios de carácter apostólico o misionero, pero no se considera necesario o prudente identificar a determinadas personas como poseedores de dicho oficio.

Así están las cosas. Estamos hoy en medio de una discusión que no quiere concluir acerca del tema de esta corriente.

Lo que sigue a continuación es un repaso a la historia, la hermenéutica y la teología, a fin de ver qué pueden aportar a dicha discusión.

---

44 Ibid.

Capítulo dos

¿QUÉ DICE LA HISTORIA ECLESIÁSTICA?

> *«Yo no soy uno como Pedro y Pablo que pueda darles mandamientos. Ellos fueron apóstoles. Yo soy un hombre condenado».*
>
> (IGNACIO 115 D.C., EPÍSTOLA A LOS ROMANOS,
> CAPÍTULO 4)

*E*l primer criterio con que se evaluará el movimiento de restauración apostólica es la historia. Esto implica un estudio bastante largo pero necesario e iluminador, pues los movimientos restauracionistas tienden a no fijarse en la historia en su conjunto sino solo les interesa los sucesos de la iglesia del primer siglo y lo de su presente, idea reflejada en la expresión «lluvia temprana y lluvia tardía», tan usada por muchos de sus seguidores como metáfora de su realidad. Por lo tanto, lo que haya pasado entre esos dos polos, poco importa para ellos.

Ahora bien, Blumhofer comenta acerca de la mentalidad restauracionista de los pentecostales de comienzos del siglo veinte lo siguiente: «La perfección significaba un volver a las normas de una era más temprana. La historia era irrelevante. La Iglesia era llamada para ser ahistórica, o por lo menos a existir libre de las manchas de las corrientes históricas».[1]

La literatura de este movimiento por lo general ignora los antecedentes históricos que efectivamente arrojan luz sobre sus teorías y aspiraciones antes que estudiarlas con sentido de autocrítica. Suelen

---

1   Edith Blumhofer, *The Assemblies of God – A Chapter in the Story of American Pentecostalism*, 1 vols., to 1941, GPH, Springfield, MO, EE.UU., 1989, p. 19.

olvidar los refranes: «No hay nada nuevo bajo el Sol» y «Quien rehúsa aprender de los errores del pasado se condena a repetirlos» y, en cambio, piensan en ser los primeros en «descubrir» o «restaurar» alguna verdad bíblica olvidada por la iglesia, cuando en verdad ya otros en el pasado intentaron caminar por esas mismas sendas. Esa es precisamente la situación de esta corriente. Diferentes grupos intentaron restaurar apóstoles muchas veces y en muchos lugares. Sin embargo, sus maestros en la actualidad eligen ignorar esos antecedentes históricos. Por ejemplo, en la introducción a *Apostles and Prophets* de Bill Hamon, Wagner escribió: «Los años 1990 se perfilan como la década en que Dios está renovando el don y el oficio del apóstol». Lamentablemente, se olvidó mencionar a sus lectores que muchos otros a través de la historia eclesiástica ya habían afirmado lo mismo. Vale la pena ver qué pasó en esos otros casos.

Ahora bien, ¿qué testimonio da la historia acerca de las presuposiciones de la enseñanza restauracionista?, ¿cuál fue la realidad sobre el «gobierno apostólico» durante el primer siglo?, ¿qué han dicho los padres apostólicos, los reformadores y otros grandes teólogos sobre esta materia?, ¿qué ha pasado en los distintos momentos de la historia cuando grupos cristianos han decidido restaurar el gobierno apostólico a la iglesia?, ¿qué ha pasado con la doctrina al quedar en manos de los «apóstoles restaurados»?, ¿cómo han manejado ellos el elevado grado de poder recibido?, ¿cómo han tratado el asunto de la sucesión apostólica?

Las respuestas a estas preguntas con seguridad nos iluminarán el panorama contextual de este movimiento y nos servirán para evaluarlo a la luz de las similitudes y diferencias que puedan existir.

OBSERVACIONES DE LA HISTORIA ECLESIÁSTICA: SIGLO PRIMERO AL DIECISÉIS

La era apostólica

Esta era la comprenden comúnmente desde el año treinta al cien de la era cristiana; es decir, el período donde vivieron los apóstoles, discípulos de Cristo, fundadores y orientadores de las primeras iglesias cristianas.

Los apóstoles durante el primer siglo

No cabe duda de la existencia de apóstoles durante el primer siglo; el punto no admite discusión alguna. Lo que sí deseamos indagar es el concepto que ellos tenían de sí mismos, qué rol jugaban en el gobierno eclesiástico y qué medidas tomaron (si es que lo hicieron) para asegurar la continuidad de su oficio.

Antes que nada, hay que aclarar que la iglesia no acuñó la palabra «apóstol». Recordemos que era un vocablo del griego común que significaba «mensajero» o «uno enviado». Diferentes formas del verbo *apostollein* aparecen más de setecientas veces en la versión Septuaginta, (la versión del Antiguo Testamento en griego, traducida unos ciento setenta años antes de Cristo, también conocido con la sigla LXX). En este texto aparece casi siempre en el sentido de un simple «enviar», sin un significado ministerial especial.[2] Por ejemplo, en 1 Samuel 6:2, cuando los filisteos preguntaban: «¿Qué haremos con el arca del Señor? Decidnos cómo la hemos de enviar a su lugar», la LXX expresa «enviar» con el verbo *aposteloumen*. Según 2 Crónicas 32:31, los mensajeros que fueron enviados desde Babilonia para espiar las riquezas de Judá también fueron «enviados», dicho con el verbo *apostalelisin*. El vocablo, en efecto, tomaba un sentido religioso cuando el contexto era religioso; por ejemplo, en Isaías 6:8, donde Dios pregunta: «¿A quién enviaré?»; la LXX lo escribe: «*Tína aposteílo*».

En el Nuevo Testamento pasó algo similar. Los vocablos *apóstolos* (sustantivo) y *apostolein* (verbo) se usaron a veces en el sentido genérico o común, como también, por supuesto, en el sentido religioso o eclesiástico. Un ejemplo del uso común del sustantivo *apóstolos* en el Nuevo Testamento se encuentra en Juan 13:16: «En verdad, en verdad os digo: un siervo no es mayor que su señor, ni un enviado es mayor que el que le envió». Ahí la expresión «el enviado» es *apóstolos*, y obviamente se refiere a una persona común y corriente que hace un mandado. Este ejemplo de dicción poética hebrea típica, con un hermoso paralelismo sinónimo, es donde se repite una misma idea dos veces al usar sinónimos. Aquí, «el enviado» de la segunda frase es sinónimo de «el siervo» de la primera. La forma genérica verbal *apostello* también existe en el Nuevo Testamento. Por ejemplo, cuando

---

2   Gerhard Kittel, *Theological Dictionary of the New Testament – Vol I, «apostello»*, Zondervan, Grand Rapids, MI, EE.UU., 1964, p. 398.

Jesús dice en Mateo 13:41: «El Hijo del Hombre enviará a sus ángeles, y recogerán de su reino a todos los que son piedra de tropiezo y a los que hacen iniquidad», el verbo traducido «enviará» es *apostelei*. Por lo tanto, no se debe pensar que la intención del Señor era declarar que los ángeles también son apóstoles en el sentido eclesiástico sino que simplemente estaba usando el verbo «enviar» en su sentido común.

Por otra parte, la palabra *apóstolos* tomó un significado especial para el cristianismo cuando a los discípulos de Jesús se les llamó «apóstoles» o «apóstoles de Cristo» por ser los enviados por él. Es más, el Nuevo Testamento revela con bastante claridad cuáles eran las características de los apóstoles y las condiciones para ser llamado «un apóstol». Como testigos de la resurrección de Cristo, fueron quienes recorrieron el mundo y colocaron los fundamentos de la iglesia mediante su predicación y testimonio (cf. Hch 2:32; Ef 2:20); anunciaban el evangelio que habían recibido del Señor y presentaban el testimonio de lo que habían visto; y Dios confirmaba la verdad de su mensaje con señales y milagros (cf. He 2:3-4). Donde iban, plantaban iglesias locales, colocaban ancianos y seguían en su marcha hacia nuevos territorios.

Los apóstoles sufrieron muchas persecuciones y tribulaciones en su ministerio misionero. Siempre mantuvieron un concepto muy servicial y humilde de su cargo y oficio. Pablo se identificaba como «siervo [*doulos*] de Cristo Jesús» (cf. Ro 1:1, *énfasis añadido*). Ellos reconocían su condición de ser pioneros y emisores de la revelación divina al sufrir las persecuciones que se dan contra los que introducen algo nuevo: «Porque pienso que Dios nos ha exhibido a nosotros los apóstoles en último lugar, como a sentenciados a muerte; porque hemos llegado a ser un espectáculo para el mundo, los ángeles y los hombres. Nosotros somos necios por amor de Cristo, mas vosotros, prudentes en Cristo; nosotros somos débiles, mas vosotros, fuertes; vosotros sois distinguidos, mas nosotros, sin honra. Hasta el momento presente pasamos hambre y sed, andamos mal vestidos, somos maltratados y no tenemos dónde vivir; nos agotamos trabajando con nuestras propias manos; cuando nos ultrajan, bendecimos; cuando somos perseguidos, lo soportamos; cuando nos difaman, tratamos de reconciliar; hemos llegado a ser, hasta ahora, la escoria del mundo, el desecho de todo» (1 Co 4:9-13).

Al escribir lo que muy posiblemente fue su primera epístola, la de los Gálatas, Pablo dice: «De aquí en adelante nadie me cause molestias, porque yo llevo en mi cuerpo las marcas de Jesús» (Gá 6:17). Así daba testimonio del sufrimiento que había experimentado durante su primer viaje misionero.

Los apóstoles reconocían la gran importancia de su labor, que era de naturaleza fundacional y revelacional (cf. Ef 2:20; 3:5), plantaban iglesias, pero dejaban el gobierno de estas en manos de otros. Para nada les interesó quedarse en un mismo lugar muchos años para gobernar su «red» de iglesias, mucho menos intervenir en los asuntos de iglesias fundadas por otros. El apóstol Pablo revela su corazón sobre esta materia en Romanos 15 al decir: «De esta manera me esforcé en anunciar el evangelio, no donde Cristo era ya conocido, para no edificar sobre el fundamento de otro» (v. 20); y luego: «Pero ahora, no quedando ya más lugares para mí en estas regiones» (v. 23). Según esto, es evidente que el apóstol no estaba interesado en «asumir y ejercer liderazgo» sobre iglesias ya existentes sino en hacer una labor misionera.

F. F. Bruce comenta sobre la función del apóstol Pablo esto: «La declaración de que ya "no tenía campo donde trabajar en estas regiones" (Ro 15:23) arroja luz sobre el concepto paulino de su obra. Ciertamente existía mucho campo para la realización de más trabajo en el área ya evangelizada por Pablo, pero no (según su concepto) trabajo de naturaleza apostólica. La labor de un apóstol era predicar el evangelio donde no se había predicado antes y plantar iglesias donde ninguna existía».[3]

Los apóstoles, en este sentido, mantenían contacto con las iglesias que plantaban y ejercían su autoridad como padres espirituales cuando era necesario. Como los fundadores, receptores directos de evangelio de Cristo, se preocupaban sobre todo por la sana doctrina y por impedir la intromisión de falsos maestros entre las iglesias que habían establecido.

Las iglesias locales durante el primer siglo

No se debe pensar que toda iglesia del primer siglo era parte de una «red apostólica» o siquiera fundada por un apóstol. Sin duda, los

---

3   F. F. Bruce, *Paul, Apostle of the Heart Set Free*, Eerdmans, Grand Rapids, MI, EE.UU., 1977, p. 314.

apóstoles fueron los principales fundadores de iglesias durante el primer siglo, pero no toda iglesia local fue fundada de esa manera. Al producirse la expulsión de muchos hermanos de Jerusalén (cf. Hch 8:1), ellos establecieron nuevas congregaciones cristianas en las ciudades donde iban, tal como los judíos establecían sinagogas en su diáspora, sin la intervención directa de algún enviado del Gran Sanedrín. Por ejemplo, la iglesia en Roma fue quizá fundada por «cristianos comunes y corrientes, quienes llevaron el evangelio hasta allá».[4]

El gobierno de las iglesias locales tampoco estuvo en manos de los apóstoles sino de ancianos-obispos y diáconos. La única iglesia local que comenzó con un gobierno netamente apostólico fue la de Jerusalén, pero aun en ese caso se puede apreciar que hubo una transición a un gobierno de ancianos.

Ahora bien, la palabra «ancianos» (*presbuteros*) aparece en relación con la iglesia de Jerusalén en Hechos 11:19-30. Sobre la ofrenda que se levantó en Antioquía para ayudar a la iglesia de Jerusalén, se dice: «Lo cual en efecto hicieron, enviándolo a los ancianos por mano de Bernabé y de Saulo» (v. 30, RVR 1960). Se ve que para cerca del año 46 el liderazgo de la iglesia de Jerusalén incluía no solo apóstoles sino también ancianos. Para el tiempo del concilio de Jerusalén (año 49), en la iglesia ya había liderazgo de parte de ancianos (*presbuteron*) y apóstoles. Según Hechos 15:6,22-23, tanto apóstoles como ancianos consideraron el asunto de la legitimidad de la conversión de gentiles incircuncisos. La carta que comunicaba la decisión final fue enviada de parte de ambos grupos (*apostoloi kai oi presbuteroi*).

En Jerusalén no se pensaba que los apóstoles eran los máximos y únicos capaces de interpretar las Escrituras y considerar a su luz los fenomenales acontecimientos que habían sucedido. Fiel al modelo funcional del Sanedrín, los ancianos participaban en la búsqueda de la verdad. Quien tuvo la palabra final y decisiva en el concilio no fue uno de los doce apóstoles sino Jacobo, el hermano de Jesús, que a esas alturas al parecer ya era el anciano principal de la iglesia de Jerusalén. Además, el liderazgo de aquella iglesia aparece por última vez en Hechos 21:17-18, que dice: «Cuando llegamos a Jerusalén, los hermanos nos recibieron con regocijo. Y al día siguiente Pablo fue con

---

4   F. F. Bruce, *The Epistle of Paul to the Romans*, Eerdmans, Grand Rapids, MI, EE.UU., 1973, p. 13.

nosotros *a ver* a Jacobo, y todos los ancianos». Se puede apreciar, por lo tanto, una progresión de cambio en el liderazgo en Jerusalén. Al comienzo, en el año 30, este estaba en manos de los doce apóstoles. Luego se añadieron los diáconos o posibles primeros ancianos.[5] Para el año 49, durante el concilio de Jerusalén, se ve que el liderazgo era definitivamente compartido por apóstoles y ancianos, y que el anciano Jacobo era el líder principal.[6] Cuando Pablo volvió a Jerusalén en el año 57, al final de su tercer viaje misionero, se encontró únicamente con un liderazgo de ancianos; ya no hay mención de apóstoles en la iglesia de Jerusalén.

¿Qué había pasado con los apóstoles y qué forma tenía ese liderazgo de ancianos en Jerusalén?

F. F. Bruce ofrece una interesante hipótesis: «Pedro y Juan y los otros apóstoles aún vivos habían asumido otras responsabilidades misioneras. Pero Jacobo permanecía en Jerusalén, ejerciendo liderazgo sabio y juicioso sobre la comunidad nazarena de ese lugar, sumamente respetado no solo por los miembros de aquella comunidad sino también por los judíos comunes de Jerusalén. Entre sus responsabilidades administrativas tenía un grupo de colegas: los ancianos de la iglesia de Jerusalén. No se nos dice cuántos eran, pero en vista de la multitud de creyentes en Jerusalén —varios miles se nos dice en el versículo 20—, bien puede ser que hubo setenta de estos, constituyendo una suerte de Sanedrín Nazareno, con Jacobo como su presidente. El cuerpo entero de ancianos estaba reunido cuando Pablo y sus compañeros fueron a visitar a Jacobo».[7]

Esta visión de la iglesia de Jerusalén es confirmada en el libro *Historia eclesiástica* por Eusebio, al citar las palabras de Egesippo a propósito de Jacobo: «La responsabilidad de la Iglesia entonces (después de la Ascensión) cayó sobre Jacobo, el hermano del Señor, en concierto con los apóstoles. Él se distingue de los otros del mismo nombre por el título "el justo", que desde temprano se le había dado. Fue santo desde

---

5   T. F. Torrance, «The Eldership in the Reformed Church», *Scottish Journal of Theology*, 37, vols. 37, No. IV, 1984, publicación digital en la web http://eldership.org/resources/elders_sjt.html. Búsqueda realizada el 07 de abril de 2005.

6   Los defensores del restauracionismo apostólico afirman que Jacobo también fue apóstol (Hamon, *Apostles and Prophets*, p. 5). Sin embargo, «una lectura cuidadosa de los textos relevantes (1 Co 15:7; Gá 1:19; 2:9) no lo indica como tal», Grabill, p. 5.

7   F. F. Bruce, *The Book of Acts*, Eerdmans, Grand Rapids, MI, EE.UU., 1954, p. 431.

el vientre de su madre, no bebió vino ni bebida fuerte, no comió comida de animales: ninguna navaja tocó su cabeza, ni se ungió de aceite, ni usó los baños. Solamente a él se le permitía entrar en el Lugar Santo, pues no se vestía de lana, sino solamente lino. Solo él entraba en el Templo, donde se le encontraba de rodillas, pidiendo perdón por el pueblo, de tal manera que sus rodillas se pusieron duras como las rodillas de un camello, porque continuamente se postraba sobre ellas, adorando a Dios y pidiendo perdón por el pueblo. Por su justicia tan grande, se le llamaba "el justo"».[8]

Aunque no podemos saber con certeza cuánto de lo dicho por Egesippo corresponde a los hechos, no hay duda de que la iglesia de Jerusalén había guardado sus formas y tradiciones judaicas todos esos años. Estas son las palabras de los ancianos de Jerusalén en Hechos 21:20b: «Hermano, ya ves cuántos miles hay entre los judíos que han creído, y todos son celosos de la ley». Aquí, a pesar de todo lo que había acontecido en Antioquía y en las iglesias fundadas por Pablo, y a pesar de todo lo que Pablo había escrito, la iglesia de Jerusalén, por sus cualidades y condiciones particulares, seguía con una membresía enteramente judía, muy numerosa, ortodoxa y disciplinada en cuanto a las observancias de la ley. Por ende, es natural que el liderazgo de aquella iglesia se perfilara conforme a los patrones del sanedrín y la sinagoga, cosa que no llegaría a pasar tanto en las iglesias gentiles de Europa.

Por otra parte, es interesante ver que en esta oportunidad Pablo no apeló a su condición de apóstol para atribuirse una mayor autoridad de la que tenían los ancianos. Por el contrario, se sometió en obediencia a su consejo, porque el gobierno de la iglesia de Jerusalén estaba plenamente en manos de ellos (cf. Hch 21:26).

Además de las formas transicionales de gobierno experimentadas en la iglesia de Jerusalén, se puede apreciar en el Nuevo Testamento que no todas las iglesias tuvieron un mismo sistema de liderazgo. En contraste con la iglesia antes mencionada, las demás iglesias del mundo grecorromano tuvieron un liderazgo más congregacional y de relativamente bajo perfil. No había una colegiatura de ancianos plenipotenciarios al frente de las iglesias locales de occidente. Pablo no dirigió sus cartas a los ancianos sino a las mismas congregaciones y dio sus

---

8   Eusebio, *Historia eclesiástica, ii. 23,* citado por Joseph B. Mayor en *The Epistle of St. James,* Zondervan, Grand Rapids, MI, EE.UU., 1954, p. vii.

saludos introductorios a «los santos» o «a la(s) iglesia(s)». Al parecer, consideraba que la iglesia entera debía ser la receptora de la carta y no los ancianos. La única mención de líderes en una salutación ocurre en la Epístola a los Filipenses, su última carta escrita antes de las cartas pastorales, donde escribe «A todos los santos en Cristo Jesús que están en Filipos, incluyendo a los obispos y diáconos» (Fil 1:1); y aun ahí nombra a la congregación en primer lugar.

Gordon Fee hace el siguiente comentario sobre los destinatarios de las epístolas: «Una de las características más sobresalientes de las epístolas neotestamentarias es este par de verdades: a) que son dirigidas a las iglesias enteras, y no a su liderazgo, y b) que los líderes son muy rara vez instruidos para ver que se cumplan las directrices de la carta o que las cumplan ellos mismos».[9]

Cuando sí aparece el tema de los líderes en las cartas paulinas, generalmente se trata de expresiones dirigidas a la congregación sobre el respeto, sostenimiento y trato que se les debía entregar. Rara vez Pablo se dirigió por escrito de manera directa a los ancianos.[10]

Es interesante ver que en el Nuevo Testamento no existen directrices sobre una futura «sucesión apostólica». En las epístolas se dan pautas específicas sobre los criterios que se deben ejercer en la determinación de quién había de ministrar como anciano, obispo o diácono (p.e. Tit 1:5-9), pero en vano buscamos un mandamiento apostólico sobre los criterios que se deben emplear en el reconocimiento de la nueva generación de apóstoles que habría de venir. El único caso del Nuevo Testamento en donde se hizo un procedimiento para consagrar un nuevo apóstol fue el de Matías (cf. Hch 2:15-26), que fue escogido para ocupar el lugar de Judas Iscariote. Es importante observar que Pedro afirma que fue necesario hacer tal elección para cumplir con lo profetizado sobre el caso en particular: «Hermanos, tenía que cumplirse la Escritura en que por boca de David el Espíritu Santo predijo acerca de Judas, el que se hizo guía de los que prendieron a Jesús. Porque era contado entre nosotros y recibió parte en este ministerio ... Pues en el libro de los Salmos está escrito: Que sea hecha desierta su morada, y no haya quién habite en ella; y: Que otro tome su cargo» (Hch 1:16-17,20).

---

9   Gordon Fee, *Listening to the Spirit in the Text*, Eerdmans, Grand Rapids, MI, EE.UU., 2000, pp. 132-133.

10   Ver Filipenses 1:1; 4:3.

La elección de Matías entonces obedeció a un mandamiento específico, un imperativo profético relacionado al caso particular de Judas, y no fue la primera de una perpetua serie de elecciones de personas al apostolado en reemplazo de otros miembros apóstatas o fallecidos. Por eso, creo que John Eckhardt se equivoca cuando dice que «los once apóstoles entendieron por la profecía de David que este ministerio debe ser suplido cuando haya una vacante».[11] Cuando Jacobo, el hermano de Juan, fue asesinado por orden del rey Herodes (cf. Hch 12:2), no se tomó ninguna medida especial para nombrar un apóstol sucesor en su lugar, a fin de mantener el total de los doce apóstoles. No existe ninguna evidencia en la Biblia ni en otros textos que sugiera que hubo tal intento en el caso de Jacobo o de cualquier otro apóstol que falleciera. Según el historiador Eusebio, después de la muerte de Santiago (Jacobo), hermano de Jesús y anciano líder de la iglesia en Jerusalén, se tomaron pasos para nombrar un obispo y no un apóstol para que ocupara su lugar.

«Después del martirio de Santiago y de la conquista de Jerusalén, que vino inmediatamente después, se dice que los apóstoles y discípulos del Señor que aún vivían se juntaron, desde toda dirección, con los que eran parientes del Señor según la carne (pues la mayoría de ellos aún vivía) para tomar consejo en cuanto a quién era digno para ser sucesor de Santiago. En común acuerdo eligieron a Simeón, hijo de Clopas, que el evangelio menciona como digno del trono episcopal de aquella parroquia. Él era un primo, como dicen, del Salvador, pues Egesippo escribe que Clopas era un hermano de José».[12]

Se podría opinar que los apóstoles no dieron indicaciones sobre cómo nombrar una siguiente generación de apóstoles por considerar muy cercana la Segunda Venida de Cristo y porque algunos de ellos aún estarían vivos para entonces. Por lo tanto, no sería necesaria esa segunda generación. Sin embargo, en 2 Timoteo 2:2, Pablo demanda de Timoteo que entregue lo que había recibido de él a «hombres fieles que sean idóneos para enseñar también a otros». Según esto, no cabe duda de que Pablo expresa preocupación por el bienestar de la iglesia durante los próximos años y generaciones; pero nada le dice a Timoteo sobre cómo nombrar más apóstoles.

---

11 Eckhardt, *Moviéndonos*, p. 31.
12 Eusebio, *Historia eclesiástica*, libro III, cap. 11.

La aparente intención de los apóstoles del primer siglo, confirmada por los escritos de sus sucesores directos como posteriores, era que la obra de su ministerio fuera perpetuada por los obispos, presbíteros y diáconos, y no continuada por subsecuentes generaciones de apóstoles. Había una conciencia de que los apóstoles, por ser los testigos de la vida de Cristo, cumplirían una labor fundacional y revelacional especial que no podría ni debía ser replicada por generaciones posteriores. Las siguientes generaciones, por tal motivo, tendrían la labor de edificar sobre el fundamento que ellos habían colocado. Esta realidad se aprecia muy bien en los escritos apostólicos más tardíos como las cartas pastorales, donde el énfasis está en el nombramiento de obispos y ancianos para la continuidad de la obra.

La Epístola de Judas también señala que la presencia de los apóstoles era algo más del pasado de sus lectores que de su presente, y la doctrina apostólica ya estaba consolidada en las iglesias como «la fe que de una vez para siempre fue entregada a los santos» (v. 3). Además, dice después: «Pero vosotros, amados, acordaos de las palabras que antes fueron dichas por los apóstoles de nuestro Señor Jesucristo, quienes os decían: En los últimos tiempos habrá burladores que irán tras sus propias pasiones impías» (vv. 17-18).

Estas palabras dejan ver que para esos tiempos no se buscaba una nueva generación de apóstoles que viniesen para continuar el proceso de la revelación de la Palabra de Dios, sino que se atesoraba y se traía a memoria lo dicho por los apóstoles de tiempos previos como la verdad del evangelio ya enteramente revelada.

En el Apocalipsis, por su parte, se aprecia un liderazgo de las iglesias locales establecido en manos de «ángeles», que eran los receptores de los mensajes de Cristo y los responsables para ver que se cumplieran sus instrucciones (cf. Ap 2:1,8,12,18; 3:1,7,14).

Si entendemos que los mensajes a las siete iglesias corresponden a realidades históricas y que no son simples metáforas o alegorías, cabe pensar que el «ángel» de cada iglesia también corresponde a una realidad histórica; la mayoría de comentaristas evangélicos sostiene esta posición. Para Merrill Tenney, «el contexto deja ver claramente que cada "ángel" es el líder de la iglesia, y como tal puede ser igualado a su ministro o pastor».[13] Wal-

---

13   Merrill C. Tenney, *Interpreting Revelation*, Eerdmans, Grand Rapids, MI, EE.UU., 1957, p. 55.

voord concuerda diciendo: «Lo más probable es que se refiere a los líderes de estas iglesias».[14] Richard Chevenvix Trench, arzobispo de Dublín de fines del siglo diecinueve, hizo una interpretación muy interesante de esta expresión: «El ángel debe ser una persona o personas en la Iglesia en la tierra, y no uno que mira desde los cielos ... Pero si es alguna persona en la Iglesia, ¿quién más que el pastor principal, en otras palabras, el obispo? ... No puedo más que pensar que es muy fuerte el argumento a favor de la existencia de un episcopado en los tiempos apostólicos tardíos, y de eso como una institución divinamente reconocida, cosa que se puede inferir de la posición de los ángeles en las varias iglesias y del lenguaje con que se les habla».[15]

Antes de descartar la visión episcopal de Trench como ingenua, es importante recordar que según las obras de la Patrística, desde temprano en el segundo siglo, o sea, poco después de escribirse el Apocalipsis, ya se hacía bastante común el gobierno eclesial de estilo episcopal con la figura de un obispo destacado entre un grupo de presbíteros, tal como revelan los escritos de Ignacio, que se considerarán más adelante. Reconociendo que es imposible saber a ciencia exacta cuál entre todas estas opciones fue el significado que el autor del Apocalipsis tuvo al decir «ángel», no se puede negar que es posible que en estas palabras se perciba la primera señal de la distinción entre «obispo» y «anciano», hasta entonces sinónimos, cosa que sin duda sí se manifestó desde temprano en el segundo siglo.

Otra cuestión interesante del Apocalipsis para este análisis se encuentra en las palabras dirigidas al ángel de la iglesia de Éfeso, que dice: «Y has sometido a prueba a los que se dicen ser apóstoles y no lo son» (Ap 2:2). Se trata, por supuesto, de algo similar a lo visto en las juaninas y en la Didaché: que las iglesias hacia el final del primer siglo tenían la autoridad y el criterio para evaluar a los maestros ambulantes que compartían sus enseñanzas de lugar en lugar. En este sentido, es interesante ver que al final del primer siglo hay advertencias acerca de falsos apóstoles que se habían levantado, pero a la vez toda mención de apóstoles legítimos se hace en relación de los fundadores y no a una segunda generación de nuevos y legítimos apóstoles.

---

14 John F. Walvoord, *The Revelation of Jesus Christ*, Moody Press, Chicago, IL, EE.UU., 1966, p. 45.

15 Richard Trench D.D., *The Seven Churches in Asia*, MacMillan, Londres, UK, 1883, p. 58.

La Didaché o enseñanza de los doce apóstoles (año 80 al 120)

La única obra extrabíblica temprana que menciona «apóstoles» como parte de la realidad eclesiástica a fines del primer siglo o posiblemente a inicios del segundo es *La Didaché*. De autor desconocido, esta obra refleja un cristianismo primitivo y sencillo. De gran valor son sus expresiones sobre la naturaleza del culto y el servicio cristiano de la era. En su capítulo once se encuentran las siguientes palabras de consejo: «Concerniente a apóstoles y profetas, hagan según el decreto del Evangelio. Recíbase a cada apóstol que venga entre ustedes como al Señor. Pero no permanecerá más de un día; pero si hay necesidad, también el próximo; pero si permanece por tres días, es un falso profeta ... Y al irse el apóstol, que no se lleve nada más que pan hasta donde encuentre alojamiento; pero si pide dinero, es un falso profeta».[16]

La Didaché, como se ve, refleja la realidad de que en sus días existían ministros ambulantes que iban de congregación en congregación para dar a conocer su ministerio. A unos y otros se les llamaba sin problema «apóstoles» o «profetas». Es notorio el hecho de que el ministerio de estos, aunque apreciado, era cuidadosamente vigilado y sometido a un escrutinio profundo. Por lo tanto, nada hay en *La Didaché* que sugiera que estos «apóstoles» eran los fundadores de las iglesias ni las figuras de gobierno que ejercían autoridad sobre las congregaciones sino maestros ambulantes que vivían por fe. Es impresionante observar las precauciones que *La Didaché* acusa como necesarias en el trato con estos hombres: que no permanezcan más de dos días, y que no se les dé dinero. La necesidad de poner a prueba a los maestros cristianos ambulantes también es evidente en los escritos juaninos de fines de siglo: 1 Juan 4:1: «Probad los espíritus para ver si son de Dios, porque muchos falsos profetas han salido al mundo» y Apocalipsis 2:2: «Y has sometido a prueba a los que se dicen ser apóstoles y no lo son».

La Didaché en el capítulo quince sí habla sobre el gobierno que se debía tener en la iglesia local: «Escojan, entonces, para sí mismos, obispos y diáconos dignos del Señor, hombres mansos, y no amadores del dinero, verdaderos y probados; pues ellos les brindan el servicio

---

16 *La Didaché*, cap. 11. En Roberts, Alexander y Donaldson, James., editores, *The Ante-Nicene Fathers – Vol. 2* [Los padres ante niceanos, vol. 2]. En «The Master Christian Library –Version 5», CD ROM, Albany, OR, EE.UU., AGES Software, 1997.

de profetas y maestros. No los rechacen, pues son sus honrados, juntamente con los profetas y maestros».[17]

El sistema de gobierno presentado aquí era más congregacional que episcopal, ya que estos líderes eran elegidos por la misma congregación y no instalados por apóstoles u otras personas ajenas a la iglesia local. Tampoco hay mención de liderazgo eclesial de parte de apóstoles. Es interesante, por tanto, observar que los obispos y diáconos cumplían las respectivas funciones de profetas y maestros.

La patrística antenicena

La historia no nos dejó sin testimonio acerca de la condición y las creencias de los cristianos de las generaciones inmediatas a la de los apóstoles originales. Por el contrario, el panorama está fuertemente iluminado con palabras de personajes como Clemente, Ignacio, Hermas, Papías, Policarpo y otros, que vivieron durante los últimos años del primer siglo. Además, dieron testimonio de haber conocido en persona a Juan y otros de los doce o a personas que habían estado con ellos.

Ahora bien, los escritos patrísticos no son canónicos ni inspirados por el Espíritu Santo, pero sí son fuentes de inestimable valor para reconocer la condición de la fe y la vida de los cristianos de esos primeros siglos.

Es muy interesante notar que ninguno de sus autores llegó jamás a llamarse a sí mismo apóstol ni a afirmar la existencia de otros apóstoles posteriores al primer siglo, aunque cada uno sí tuvo mucho que decir acerca de los apóstoles originales del primer siglo. Todos afirmaron de uno u otro modo que el ministerio nació en el corazón de Dios, que lo entregó a Cristo, que lo entregó a los apóstoles, que lo depositaron en manos de los obispos, presbíteros y diáconos. De modo que el uso de la palabra «apóstol» al parecer quedó limitado exclusivamente para la identificación de los apóstoles de Cristo del primer siglo.

Clemente de Roma (30-100 d.C.)

Tal vez es el mismo Clemente mencionado en Filipenses 4:3. Existe solo una obra suya, su Epístola a los Corintios, escrita durante el reino de Domiciano. En esta carta ya se aprecia la idea

---

17 *La Didaché*, cap. 15, Roberts y Donaldson.

de la sucesión del ministerio de los apóstoles a los obispos: «Los apóstoles nos predicaron el evangelio desde el Señor Jesucristo, Jesucristo lo ha hecho desde Dios. Cristo fue enviado por Dios, y los apóstoles fueron enviados por Cristo ... estos señalaron las primicias de sus labores, habiéndolos primeramente probado por el Espíritu, para que fuesen obispos y diáconos de los que habrían de creer».[18]

Clemente deja ver que las «primicias» de las labores de los apóstoles pasarían a realizarlas «obispos y diáconos».

Ignacio de Antioquía (?-115 d.C.)

Este obispo escribió una colección de siete cartas mientras viajaba desde Antioquía hacia Roma, donde enfrentaría el martirio. Reiteradas veces en sus escritos destaca la diferencia que existía entre los apóstoles y él, y recuerda a los apóstoles como personajes del pasado: «Les exhorto a estudiar para hacer todas las cosas con una armonía divina, mientras su obispo preside en el lugar de Dios, y sus presbíteros en el lugar de la asamblea de los apóstoles, juntamente con sus diáconos, quienes me son tan queridos».[19] «Así como el Señor nada hizo sin el Padre, estando unido a El, ni por su cuenta propia, ni por los apóstoles, así tampoco nada hagan sin el obispo y los presbíteros».[20]

Abundan las muestras de su pensamiento sobre este asunto.[21]

---

18 Primera epístola de Clemente a los corintios, cap. 42, Roberts y Donaldson.
19 Ignacio, Epístola a los magnesianos, cap. 6, Roberts y Donaldson.
20 Ibid., cap. 7.
21 Otros ejemplos de las palabras de Ignacio sobre los apóstoles son los siguientes: «Estudien, para estar establecidos en las doctrinas del Señor y de los apóstoles, para que todas las cosas que hagan prosperen en carne y espíritu» (Epístola a los magnesianos, cap. 13). «Estén sujetos al obispo, y los unos a los otros, así como Cristo al Padre y los apóstoles a Cristo, y al Padre, y al Espíritu» (Ibid. cap. 13. «Es necesario que en todo lo que hagan, que nada hagan sin el obispo. Y estad sujetos al presbiterio, como a los apóstoles de Jesucristo, quien es nuestra esperanza» (Epístola a los trallianos, cap. 2). «Que todos reverencien a los diáconos como nombrados de Jesucristo, y al obispo como a Jesucristo, quien es el Hijo del Padre, y a los presbíteros como el sanedrín de Dios, como la asamblea de los apóstoles» (Epístola a los trallianos, cap 3). «¿Pero debo yo, al escribirles sobre esto, llegar a tal punto de autoestima, que a pesar de ser un hombre condenado, les dé mandamientos como si yo fuera un apóstol?» (Ibid., cap 3 «Continúen en armonía y en oración unos con otros, porque adorna a cada uno, y especialmente a los presbíteros, a refrescar al obispo, para la honra del Padre, de Jesucristo y de los apóstoles»

Sin excepción, sus escritos reflejan un mundo cristiano en donde las iglesias eran dirigidas por obispos y presbíteros, no por apóstoles contemporáneos. De los apóstoles siempre habla en términos del pasado, como fundadores de la iglesia, que habían dejado su legado en manos de los obispos.

Al respecto, Cyril Richardson comenta: «Ignacio es persistente en su énfasis sobre la obediencia a las autoridades eclesiásticas. En sus cartas emerge la imagen de una congregación local gobernada por un solo obispo, quien es apoyado por un concilio de presbíteros y ayudado por diáconos. Ignacio delata una etapa de desarrollo más allá de la situación reflejada en las Epístolas Pastorales. [En ellas] las congregaciones locales son gobernadas por juntas de oficiales [a veces llamados obispos, a veces presbíteros], sujetos únicamente a figuras apostólicas como Timoteo o Tito, o a profetas itinerantes. Por lo contrario, en Ignacio, el obispo único es la figura principal en la Iglesia ... Este proceso había comenzado en la Didaché, pero en Ignacio es completado» (énfasis añadido).[22]

Papías (60-130 d.C.)

Poco se sabe de su vida. Fue obispo en Hierápolis; no se sabe si sufrió martirio o no. Según Ireneo, fue uno que directamente escuchó las palabras de Juan y fue amigo de Policarpo.[23] Se destaca el hecho de que comprendía la importancia de las palabras de los apóstoles, cosa que lo llevó a investigarlas arduamente. Si

---

(Ibid., cap. 12). «Yo no soy uno como Pedro y Pablo que pueda darles mandamientos. Ellos fueron apóstoles. Yo soy un hombre condenado» (*Epístola a los romanos,* cap 4). «Ruego que sea hallado digno de Dios, que pueda estar a sus pies en el Reino, como a los pies de Abraham, Isaac y Jacob, a los de José e Isaías, y el resto de los profetas, como a los de Pedro, Pablo y el resto de los apóstoles» (*Epístola a los de Filadelfia,* cap. 4). «Nada hagáis sin el obispo, guarden vuestros cuerpos como templos de Dios, amen la unidad, eviten las divisiones, sean seguidores de Pablo, y del resto de los apóstoles, así como ellos también fueron seguidores de Cristo» (Ibid., cap. 7). «Sigan al obispo, así como Jesucristo sigue al Padre, y al presbiterio como harían con los apóstoles, y reverencien a los diáconos como la institución de Dios» (*Epístola a los esmirneanos,* cap. 8).

22 Cyril C. Richardson, ed., *Early Christian Fathers,* Collier Books, New York, NY, EE.UU., 1970, p. 76.

23 F. J. Foakes Jackson, *The History of the Christian Church – From the Earliest of Times to the Death of St. Leo the Great AD 461,* J. Hall & Sons, Cambridge, Reino Unido, 1905, p. 116.

se presentaba alguno que había atendido a los ancianos, le preguntaba con minucia sobre sus declaraciones: ¿qué había dicho Andrés o Pedro? o ¿qué fue dicho por Felipe, o Tomas, o por Jacobo, o Juan, o Mateo, o por cualquier otro de los discípulos del Señor?[24]

Papías fue un devoto buscador de las expresiones apostólicas del primer siglo y no un interesado en ubicar «apóstoles de segunda generación» para atender a sus palabras.

Mathetes (¿?-130 d.C.)

Nadie sabe el verdadero nombre del autor de la *Epístola de Mathetes a Diogneto*. El nombre «Mathetes» significa simplemente «discípulo». Sin embargo, esta elocuente obra refleja ser de una persona que conoció en persona a Pablo o a algún asociado del apóstol. En el capítulo once de esta epístola, Mathetes declara: «No hablo de cosas que me sean extrañas, ni apunto hacia cualquier cosa inconsistente con la sana razón, sino que, habiendo sido un discípulo de los apóstoles, he llegado a ser un maestro de los Gentiles».[25]

El autor reconoce haber conocido a los apóstoles, pero no reclama para sí dicho título sino el de «maestro de los Gentiles».

Policarpo (69-160 d.C.)

Obispo de Esmirna y quizá el más respetado entre los padres postapostólicos del segundo siglo, según Ireneo, recibió el obispado directamente de Juan y alcanzó a conocer varias otras personas que habían estado con Jesús. A pesar de estas impresionantes credenciales, nunca se identificó a sí mismo como un apóstol sino como obispo. En su carta a los filipenses, describe la labor de los presbíteros como algo de su tiempo, y la de los apóstoles como algo del pasado: «Que los presbíteros tengan compasión y misericordia para con todos, rescatando a los que se alejan, visitando a los enfermos, sin abandonar a la viuda, al huérfano o al pobre. Sirvamos a Cristo con temor, y con toda reverencia, así

---

24 *Fragmentos de Papías: La exposición de los oráculos del Señor, I,* Roberts y Donaldson.

25 Mathetes, *Epístola a diogneto*, cap. 11, Roberts y Donaldson.

como Él mismo nos mandó, y como los apóstoles, quienes nos predicaron el evangelio, y los profetas quienes proclamaron de antes, la venida del Señor».[26]

El capítulo nueve de la bien conocida obra *El martirio de Policarpo* relata detalles impresionantes de su muerte, incluyendo sus famosas palabras: «Ochenta y seis años le he servido, y Él nunca me ha hecho mal, ¿cómo podré yo blasfemar a mi Rey y mi Salvador?» El autor se describe como «un maestro apostólico y profético».[27] En su tesis de maestría, Jasón Wilson, un defensor de la corriente del restauracionismo apostólico, interpreta esa expresión como «uno que combinaba el ser apóstol y profeta en su persona».[28] Sin embargo, el sustantivo de la oración no es «apóstol» sino «maestro». La interpretación más correcta debe ser que el autor afirma que Policarpo era un maestro que compartía las enseñanzas de los apóstoles y los profetas, o que era un maestro dotado de un ministerio del tipo apostólico y profético, pero no dice que fuera un apóstol.

El autor de *El martirio de Policarpo* señala la distinción entre Policarpo y los apóstoles al celebrar el hecho de que en el cielo, él se reuniría con aquellos «habiendo con paciencia vencido al gobernador injusto, y así ganado la corona de inmortalidad, él ahora, con los apóstoles y todos lo justos en el cielo, gozoso glorifica a Dios, y bendice a nuestro Señor Jesucristo».[29] Fíjense que no dice «con los demás apóstoles» ni cosa que incluya a Policarpo entre el número de los apóstoles.

Todos los padres tempranos citados hasta aquí vivieron durante los últimos años del primer siglo; reclamaron haber conocido en persona a los apóstoles; fueron los herederos directos de los apóstoles, los que continuaron las labores de sus mentores. No obstante, ninguno dio testimonio de ser nombrado «apóstol sucesor» ni conocer a otra persona contemporánea en tal condición.

---

26 Policarpo, *Epístola a los filipenses*, cap. 6, Roberts y Donaldson.

27 *El martirio de Policarpo*, cap. 16, Roberts y Donaldson.

28 Jason Wilson, «Does God Call Apostles Today?», tesis de maestría, Talbot School of Theology, Biola University, CA, EE.UU., abril de 1999, p. 182.

29 *El martirio de Policarpo*, cap. 19, Roberts y Donaldson.

Si lo que afirman los defensores del restauracionismo apostólico es cierto (que Dios mandó que las iglesias siempre, y por excelencia, fuesen fundadas y gobernadas por apóstoles, y que hubiera una sucesión apostólica no interrumpida), ¿cómo es que los padres postapostólicos nunca se enteraron de algo tan importante?, ¿por qué fueron todos tan desobedientes a las órdenes de sus padres en la fe?, ¿por qué Policarpo nunca se identificó como «el apóstol Policarpo, sucesor de Juan» o algo por el estilo?

El silencio profundo y absoluto imperante en la Patrística temprana sobre el tema de iglesias gobernadas por apóstoles no es algo que se pueda ignorar ni despedir fácilmente. No basta con decir: «Es que en el año cien vino la gran confusión y el rechazo de todo lo que los apóstoles habían enseñado. ¡Ignacio tiene la culpa!», o algo por el estilo. Estos hombres fueron leales, obedientes discípulos de los apóstoles originales, los verdaderos sucesores de los apóstoles. Fueron valientes proclamadores de la verdad del evangelio de Jesucristo, que pagaron por su testimonio con sus vidas, pero ninguno jamás llegó a llamarse «apóstol». Todo lo contrario, más bien fueron obispos y presbíteros.

Justino el Mártir (100-165 d.C.)

Una de las figuras más interesantes entre los líderes cristianos del segundo siglo fue Justino el Mártir. Este filósofo y apologista fue el gran defensor de la fe cristiana ante los emperadores romanos. En su *Primera Apología* (155 d.C.), ante el emperador Antonio Pío y sus hijos, dijo lo siguiente acerca de las iglesias de su día: «En aquel día que se llama Domingo, todos los que viven en las ciudades o en el campo se reúnen en un mismo lugar, y ahí se leen las memorias de los apóstoles o las escrituras de los profetas, mientras el tiempo permita. Luego al cesar la lectura, el presidente instruye verbalmente, y exhorta a la imitación de estas cosas tan buenas».[30]

Justino destaca que en las reuniones cristianas se leían las «memorias de los apóstoles», o sea, los evangelios y las epístolas. No hay mención de apóstoles vivientes presentes en la reunión sino de un «presidente». En todas sus obras hace muchas referencias a los apóstoles, pero siempre en virtud de Pablo y los

---

30 Justino, *Primera apología*, cap. 67, Roberts y Donaldson.

doce. Nunca menciona apóstoles vivientes de su tiempo. Una muestra típica de sus expresiones es la siguiente: «Pero, nuestro Señor Jesucristo, habiendo sido crucificado y muerto, resucitó, y habiendo ascendido al cielo, reina; y por aquellas cosas que fueron publicadas entre las naciones en su Nombre por los apóstoles, hay gozo para todos los que esperan la inmortalidad que Él ha prometido».[31]

Ireneo (140-200 d.C.)

A mediados del segundo siglo se fueron produciendo varios desafíos para la doctrina cristiana, tres de estos los más sobresalientes: el gnosticismo, el marcionismo y el montanismo. El hombre que lideró la batalla contra las herejías fue Ireneo, obispo de Lyon, que dio testimonio de haber conocido a Policarpo durante su juventud. En su obra maestra, *Contra los herejes*, hace las siguientes afirmaciones en contra de los falsos maestros de su tiempo: «Se proclaman a sí mismos como "perfectos", ya que nadie puede ser comparado con ellos en relación con la inmensidad de su conocimiento, ni aunque usted fuera a mencionar a Pablo o a Pedro, o a cualquiera de los apóstoles. Afirman que ellos mismos saben más que todos los demás, y que solamente ellos han recibido la grandeza del conocimiento de aquel poder que es indecible».[32]

Uno de sus argumentos contra los falsos maestros es precisamente que estos no respetaban a los apóstoles originales ni a las Escrituras que dejaron sino que se enaltecían como iguales o superiores a estos: «Este es su sistema, cosa que no fue anunciada por los profetas ni enseñada por el Señor ni entregada por los apóstoles, pero en la cual se jactan que tienen un conocimiento perfecto, mejor que el de todos los demás. Formulan sus ideas de fuentes ajenas a las Escrituras, y, para usar un proverbio común, procuran «tejer cuerdas de arena» mientras que se esmeran en adaptar, con aire de probabilidad, sus aseveraciones peculiares con las parábolas del Señor, los dichos de los profetas y las palabras de los apóstoles, a fin de que su esquema no parezca que-

---

31 Ibid., cap. 42.
32 Ireneo, *Contra los herejes, Libro I,* cap. 13, Roberts, y Donaldson.

dar sin apoyo. Al hacerlo, sin embargo, no toman en cuenta el orden y las conexiones de las Escrituras sino que desmiembran y destruyen la verdad. Cuando transfieren pasajes, los disfrazan y hacen una cosa de otra, logran engañar a muchos mediante su malvado arte de adaptar los oráculos del Señor a sus propias opiniones».[33]

En sus expresiones se aprecia la gran importancia que daba a las palabras de los apóstoles originales, tanto de parte suya como de los herejes. No alude a la autoridad ni a palabras de otros apóstoles contemporáneos para refutar a los herejes sino únicamente a los apóstoles escritores del primer siglo. En *Contra los herejes, Libro II,* ataca de manera singular a los gnósticos, que habían comparado a los apóstoles con los «aeones». Ireneo escribe: «Si ellos mantienen que los doce apóstoles fueron un tipo de ese grupo de doce Aeones que Antropos produjo en conjunto con Ecclesia, pues entonces que produzcan diez apóstoles más, como tipo de los diez Aeones restantes, quienes, declaran ellos, fueron producidos por Logos y Zoe».[34]

En esta cita se aprecia que Ireneo les desafía a producir más apóstoles que los doce originales. La ironía de su escrito nos hace entender que para él no había más apóstoles en su tiempo; los únicos auténticos fueron los del primer siglo.

Hermas

Otro de los grandes desafíos a la iglesia cristiana vino del montanismo. Montano fue un líder cristiano de Frigia, en Asia Menor. Le preocupó el hecho de que la voz de profecía cada vez se oía menos en las iglesias, y que la iglesia iba poco a poco secularizándose. Cerca del año 156, comenzó a hablar en lenguas y a profetizar. Acompañado por dos mujeres profetizas, Prisca y Maximila, predicaba la pronta Segunda Venida de Cristo al mundo. De haberse detenido ahí, todo hubiera sido aceptable y refrescante. Sin embargo, fue mucho más lejos. El historiador cristiano Bruce Shelly da su apreciación del resto de la historia: «Montano estaba convencido de que él y sus profetizas eran instrumentos de

---

33 Ibid., cap. 8.
34 Ibid., cap. 21.

revelación, dados por Dios … La doctrina de Montano sobre la nueva era del Espíritu sugería que el período del Antiguo Testamento había pasado, y que el período cristiano centrado en Cristo, también se había acabado. El profeta reclamó el derecho de empujar a Cristo y al mensaje apostólico hacia el fondo. La música fresca del Espíritu podía dominar sobre las notas importantes del evangelio cristiano; Cristo ya no era lo central. En el nombre del Espíritu, Montano negó que la revelación decisiva y normativa había ocurrido en Jesucristo».[35]

No existe acuerdo entre muchos historiadores que comentan sobre el montanismo, en si era una herejía o un avivamiento auténtico. Para algunos, el grupo no era hereje sino correcto en la mayoría de sus críticas a la iglesia establecida, pero errado en algunas cosas y víctima de grandes campañas de desinformación que hubo en su contra. Lo interesante de esta corriente para nuestro estudio es el que no hay evidencia de que en alguna oportunidad Montano o alguno de sus seguidores haya tomado para sí el título de «apóstol». Se llamó a sí mismo el «Paracleto», imponía un fuerte ascetismo de muchos ayunos y de abstinencia, y otorgaba gran importancia a las profecías de las dos profetizas; pero no se consideró a sí mismo «apóstol» ni tampoco sus seguidores le llamaron así.

Una de las reacciones que se produjo en contra de este movimiento fue la pequeña obra *El Pastor* de Hermas. Esta fue una obra cristiana mística de la iglesia romana de mediados del segundo siglo. Comprende una serie de visiones que tuvo un tal Hermas en las cuales la iglesia, simbolizada por una mujer, le habla reiterándole la importancia de la ortodoxia. La obra llegó a gozar de gran popularidad. Según Jackson, «Ireneo la cita como escritura, y Orígenes es de la opinión que es divinamente inspirada; y está incluida con "Bernabé" en [al final de] el Nuevo Testamento del celebrado Códice Sinaítico en el siglo cuarto» (*énfasis añadido*).[36]

---

35 Bruce Shelley, *Church History in Plain Language*, Word, Dallas, TX, EE.UU., 1982, pp. 80-81.

36 F. J. Foakes Jackson, *The History of the Christian Church – From the Earliest of Times to the Death of St. Leo the Great AD 461*, J. Hall & Sons, Cambridge, UK, 1905, p. 251.

Roberts y Donaldson introducen a *El Pastor* con la siguiente acotación: «No se nombra al Montanismo, pero se le opone por medio del recuerdo de mejores profecías, y por mostrar el espíritu puro de la era apostólica en comparación con las pretensiones llenas de frenesí y farisaicas de los fanáticos».[37]

En una de sus visiones, Hermas conversa con la iglesia acerca de cómo ella se estaría construyendo, acción simbolizada en la construcción de una torre que él presenciaba: «Oíd ahora con relación a las piedras que están en el edificio. Aquellas piedras blancas cuadradas que se hayan ajustadas exactamente una con otra, son los apóstoles, obispos, maestros y diáconos que han vivido en pureza piadosa, y que han actuado como obispos y maestros y diáconos con castidad y reverencia para con los elegidos de Dios. Algunos de ellos ya duermen, y otros aún viven».[38]

Este pasaje menciona apóstoles como piedras labradas, parte del fundamento de la torre. La expresión «otros aún viven» no especifica si se refiere a apóstoles, o a obispos, maestros y diáconos piadosos; pero a la luz de las intenciones del escritor y la analogía del resto de la patrística, es preferible entender la expresión de «apóstoles» como a los doce originales.

En resumidas cuentas, frente a los desafíos de las corrientes falsas o desviadas como el gnosticismo, el marcionismo y el montanismo, la iglesia acudió a la autoridad indiscutida de los apóstoles del primer siglo y no procuró nombrar a sus apologistas y teólogos contemporáneos como sus «apóstoles modernos» con «palabra fresca» para refutar dichos pensamientos. Todo esto influyó fuertemente en la formación del canon de las Escrituras del Nuevo Testamento. Los textos apostólicos del primer siglo quedaron canonizados como regla de fe y conducta para la iglesia de Cristo, y no se le abrió la puerta a doctrinas productos de revelación continua. En este sentido, vale la pena preguntar: ¿de haber existido en la iglesia del segundo siglo una fascinación con apóstoles y revelaciones modernas, tendríamos hoy el Nuevo Testamento que usamos?

---

37 Alexander Roberts y James Donaldson, Ed., *The Ante-Nicene Fathers – Vo. 2*, p. 6. En «The Master Christian Library –Version 5» en CD ROM, Albany, OR, EE.UU., AGES Software, 1997.

38 Hermas, *El Pastor, Libro I, tercera visión*, cap. 5, Roberts y Donaldson.

El Fragmento Muratoriano (cerca del 170 d.C.)

En 1740, el teólogo italiano Ludovico Antonio Muratori publicó un documento que había hallado en la Biblioteca Ambrosiana en Milano. Se trataba de un fragmento de vitela con ochenta y cinco líneas de texto, copiadas durante el séptimo siglo en latín de un documento escrito cerca del año 170 d.C., que hoy se llama «*El Fragmento Muratoriano*».

El documento es una descripción de los libros reconocidos por las iglesias de aquel entonces como canónicos, recomendados para uso en el culto cristiano. Incluye todos los libros del Nuevo Testamento actual, menos Hebreos, Santiago, 1 y 2 de Pedro y 3 Juan. Es la evidencia de los criterios de canonicidad cristiana más antigua que se ha encontrado. Al final del fragmento, el escritor comenta sobre algunas obras rechazadas y las razones de la decisión. En las líneas 73 a 80 comenta sobre la obra de Hermas, que a pesar de su popularidad, no era vista como canónica: «73. Pero Hermas escribió El Pastor 74. muy recientemente, en nuestros tiempos, en la ciudad de Roma, 75. mientras que el obispo Pío, su hermano, ocupaba la silla [episcopal] 76. de la iglesia de la ciudad de Roma. 77. Y por lo tanto debe de veras ser leído, pero 78. no puede ser leído públicamente a la gente en la iglesia entre 79. los profetas, cuyo número está completo, o entre 80. los apóstoles, porque es de después de su tiempo» (*énfasis añadido*).

Es interesante observar que el escritor rechaza la canonicidad de Hermas por ser de «nuestros tiempos» y «después de» el tiempo de los apóstoles. Al parecer, para el escritor la era de los apóstoles había pasado y, por ende, los libros escritos después de su era no podrían ser admitidos en el canon ni usados en el culto cristiano.

Mani de Persia (216-274 d.C.)

Aunque no se debe considerar como un padre de la iglesia, debemos mencionar aquí a la única persona que sí se dejó llamar «apóstol» durante el período patrístico anteniceno y que esta investigación logró encontrar. Se trata de Mani de Persia, que declaró ser el «Apóstol de la Luz» y el «último apóstol de Jesucristo que jamás existiría».[39] Él empleaba solo las cartas paulinas y rechazaba por completo el Antiguo Testamento. La enseñanza maniqueísta era eminentemente dualista, con influencias del zoroastrianismo, budismo, gnosticismo, cristianismo y judaísmo. Enseñaba que el bien y el mal, la luz y las tinieblas, estaban en una lucha eterna y que la salvación del hombre viene por alcanzar un conocimiento (gnosis) correcto de la naturaleza de la esclavitud humana al mundo material. Las almas de los hombres, por tanto, eran purificadas mediante su reencarnación como plantas, animales u hombres. Los discípulos avanzados en el maniqueísmo practicaban un ascetismo absoluto y se les prohibía matar animales o plantas.[40] La influencia de este «apóstol» fue extraordinaria. Sus numerosas iglesias se extendieron por buena parte del oriente y eran muy bien organizadas con sus propios obispos, diáconos, sacerdotes, «elegidos» y «oyentes». A pesar de que murió crucificado, la influencia de sus enseñanzas perduró durante mil años, hasta el tiempo de las cruzadas del siglo catorce.

La patrística posnicena

El espacio no nos permite detallar las declaraciones de los padres nicenos y posnicenos como Atanasio, Eusebio y Agustín, pero basta con decir que ninguno de estos tomó para sí ni recibió de otro el título de «apóstol», ni enseñaba la existencia de apóstoles modernos en su tiempo.

Los reformadores

Con la Reforma Protestante del siglo dieciséis vino el gran esfuerzo por restaurar la predicación del evangelio de la salvación por la gracia mediante la fe. Dos figuras gigantescas iluminaron el período: Martín Lutero (1483-1546) y Juan Calvino (1509-1564). Estos parangonadores de la fe dieron realce a los lemas «sola gratis», «sola fide» y «sola scriptura», a fin de desafiar a la Iglesia Católica y sus tradiciones. Sin embargo, tomando en cuenta todo el fervor de la Reforma, cabe preguntar: ¿acaso ellos no hicieron esfuerzos para restaurar el oficio de

---

39 Vinson Synan, «Who are the modern apostles?», *Ministries Today,* marzo-abril de 1992, p. 42.
40 Jackson, *The History of the Christian Church,* p. 150.

apóstol? La respuesta sencilla es «No». Lutero no tomó ese título para sí ni tampoco se lo confirió a otro.

Calvino sí reflexionó bastante sobre el tema de que si se debía o no restaurar el oficio del apóstol; llegó a decir que tenía a Lutero «por un excelente apóstol de Jesucristo, por cuya labor y ministerio la pureza del Evangelio ha recuperado su honra».[41] No obstante, destacó que eso fue algo especial, no una norma de lo que le esperaba al futuro. Para él, los pastores y maestros ocupan los lugares del apóstol y el profeta. En el *Libro IV,2,3* de su obra magistral, *Institución de la religión cristiana* (1535), describió sus ideales para el gobierno eclesiástico según sus estudios de las sagradas Escrituras. Además, dijo que «la sucesión apostólica no es una sucesión de personas, sino la sucesión en la doctrina» (IV,2,3). Comentando el pasaje de Efesios 4:4-16, Calvino dijo: «San Pablo pone en primer lugar a los apóstoles, luego a los profetas, a continuación a los evangelistas, después a los pastores, y finalmente a los doctores (Ef. 4,11). De todos estos, solamente los dos últimos desempeñan un ministerio ordinario en la Iglesia; los otros tres los suscitó el Señor con su gracia al principio, cuando el Evangelio comenzó a ser predicado. Aunque no deja de suscitarlos de vez en cuando, según los requiere la necesidad» (IV,3,4). Más adelante agrega: «Aquellos tres oficios no han sido instituidos para ser permanentes en la Iglesia, sino únicamente para el tiempo en que fue necesario implantar iglesias donde no existían, o para anunciar a Jesucristo entre los judíos, a fin de atraerlos a Él como a su Redentor. Aunque no niego con esto que Dios no haya después suscitado apóstoles o evangelistas en su lugar, como vemos que lo ha hecho en nuestro tiempo [en referencia a Lutero]. Porque fue necesaria su presencia para reducir a la pobre Iglesia al buen camino del que el Anticristo [el Papa] la había apartado. Sin embargo, sostengo que este ministerio fue extraordinario, puesto que no tiene cabida en las iglesias bien ordenadas» (IV,3,4) (*énfasis añadido*).

Vemos entonces que para Calvino, el papel apostólico de Lutero fue una gran excepción, y que el oficio del apóstol en sí «no tiene cabida en las iglesias bien ordenadas». Además, un apóstol en sus días tendría que ser uno que se dedicara solo a predicar a Cristo entre los

---

41 *Opera Calvini. T VI, col. 250.* Citado en *Institución de la religión cristiana,* nota al pie p. 840.

no evangelizados. Continúa diciendo: «Ya sabemos qué oficios han sido temporales en el gobierno de la Iglesia, y cuáles han de permanecer para siempre. Si equiparamos a los apóstoles y evangelistas, nos quedan dos pares de oficios que se corresponden entren sí. Porque la semejanza que nuestros doctores [maestros] tienen con los profetas antiguos, la tienen a su vez los pastores con los apóstoles» (IV,3,5).

Calvino defendió el uso exclusivo del término «apóstol» como algo que solo se debía emplear en referencia a los apóstoles fundadores del primer siglo, no lo concibió como un término que debiera ser apropiado por él mismo o sus contemporáneos. A la vez, afirmaba que los modernos pastores desempeñan los ministerios que antes hacían los apóstoles: «Porque, aunque según la etimología o derivación del nombre, todos los ministros de la iglesia pueden ser llamados apóstoles por ser enviados de Dios y sus mensajeros, sin embargo, como era de suma importancia saber con certeza quiénes fueron enviados por el Señor a una misión tan nueva y nunca oída, convino que los doce que tenían esta comisión ... tuviesen un título mucho más excelente que los otros. Es verdad que San Pablo concede este honor a Andrónico y a Junias, declarándolos incluso excelentes entre los otros (Ro 16:7). Pero cuando quiere hablar con toda propiedad, no atribuye este nombre más que a aquellos que tenían la preeminencia que hemos indicado ... Sin embargo, los pastores tienen el mismo cargo que tenían los apóstoles, exceptuando que cada pastor tiene a su cargo una iglesia determinada» (IV,3,5).

Calvino finaliza su discusión sobre el ministerio de los pastores diciendo: «Todo cuanto los apóstoles realizaron por todo el mundo, cada pastor está obligado a hacer en la iglesia a la cual es enviado» (IV,3,6).

Sin embargo, a pesar de su esfuerzo por aclarar estas cosas, no todos estuvieron conformes con su enseñanza, como se mostrará a continuación.

Los anabaptistas de Münster (1534-1535)

La Reforma de Lutero provocó una profunda reflexión teológica en mucha gente; y solo fue cuestión de tiempo para que otros nuevos grupos se separasen de los mismos luteranos para ir aun más allá de donde ellos estaban dispuestos a ir. Uno de esos grupos fue el movimiento anabaptista. Este comenzó en Zurich, Suiza, en 1525, cuando un grupo de protestantes llegó a la conclusión de que el bautismo debía ser ministrado solo a creyentes adultos que habían creído por su propia cuenta, y no a infantes. El nombre «anabaptista» (rebautizado) no fue de su elección sino que fue acuñado por sus oponentes. Los anabaptistas creían que el bautismo a adultos no era un «rebautismo», pues el bautismo hecho durante la infancia no había sido un bautismo legítimo. La enseñanza ganó gran aceptación y grupos anabaptistas prontamente surgieron en Suiza, Alemania y Holanda.

No cabe duda de que lo que hicieron fue una restauración legítima y necesaria. El Nuevo Testamento muestra con claridad que en el primer siglo se bautizaban a personas adultas que confesaban el señorío de Cristo. De hecho, los anabaptistas del siglo dieciséis sufrieron grandes persecuciones y martirios por causa de su fe. Su literatura revela una pasión por el evangelio de veras maravillosa.[42] De haber dejado las cosas más o menos así, no tendríamos por qué criticar a los anabaptistas de aquel siglo, pero un grupo en particular decidió que eso no era todo lo que requería restauración, y así surgieron los anabaptistas de Münster.

El fervor restauracionista extremo se manifestó inicialmente en Westfalia, Alemania, en 1532, donde un pastor luterano y anabaptista, Bernardo Rothmann, intentó crear una sociedad teocrática. Uno de los líderes de la comunidad, Jan Matías, profetizó que Dios había escogido a la ciudad de Münster como la «Nueva Jerusalén», donde Cristo volvería en 1534. Matías y un número de sus discípulos entraron en la ciudad el 5 de enero de 1534, donde prontamente comenzaron a rebautizar a centenares de personas que simpatizaban con su fe. En poco tiempo, lograron tomar el control gubernamental de la ciudad y expulsaron al obispo católico-romano. Matías profetizó que el juicio divino caería sobre sus enemigos el día Domingo de Resurrección de ese año, y salió en batalla contra las fuerzas leales al obispo depuesto. Sin embargo, sus profecías no se cumplieron y él murió en batalla ese día.

Su liderazgo lo asumió el sastre holandés Jan Van Leyden. Él, en poquísimo tiempo, mostró un fervor restauracionista aun mayor que

---

42 Un excelente ejemplo es la carta de una mujer anabaptista holandesa escrita para su pequeña hija, poco antes de morir (ver Hillerbrand, Hans, J., ed., *The Protestant Reformation*, Harper & Row, New York, NY., EE.UU., 1968, pp. 146-152).

el de sus predecesores. En septiembre de ese mismo año anunció que era el nuevo rey David, y se hizo coronar como tal. Declaró a Münster la «Nueva Sión». Legalizó la poligamia y en muy poco tiempo tomó para sí a dieciséis esposas. Estableció una forma comunista de economía, aunque dejando siempre lo mejor y más abundante para su hogar y devotos más fieles. Eventualmente, su megalomanía y paranoia lo llevaron a ejecutar en público a varias personas, como sospechosas e infieles a sus ideales, incluyendo a una de sus cónyuges.

Con cuantiosas ejecuciones de detractores, profecías de maldición contra sus enemigos y gran hambre y necesidad entre sus fieles, durante sus últimos meses de gobierno se volvió cada vez más cruel y déspota. El experimento teocrático de los anabaptistas de Münster llegó a su fin en junio de 1535, cuando las fuerzas católicas conquistaron la ciudad. Van Leyden y sus compañeros líderes fueron ejecutados en enero de 1536. Su reino teocrático no alcanzó a durar dos años.

Sin embargo, entre todo su afán en favor de la restauración de determinadas prácticas y realidades bíblicas, no pudo faltar la restauración de apóstoles. Esto se hizo en Münster en octubre de 1534, cuando uno de los profetas anabaptistas, Johan Dusentshur, declaró que Dios le había dado una visión de que la «Nueva Sión» debía enviar a veintisiete hombres como apóstoles para convencer a otros protestantes en Alemania y Holanda a sumarse a dicho movimiento. El rey Jan hizo conforme a la profecía y nombró a veintisiete apóstoles. Estos salieron de la ciudad, a pesar del asedio de las fuerzas militares católicas. Al poco tiempo todos fueron capturados y muertos, menos uno, Enrique Graes, que se ofreció como traidor para ayudar a las fuerzas enemigas. Lamentablemente, los errores de Jan Van Leyden no fueron recordados por las generaciones posteriores, pues luego muchos de sus extremismos de índole restauracionista volverían a aparecer en diversos momentos y lugares, como la historia eclesiástica moderna lo demuestra.

OBSERVACIONES DE LA HISTORIA ECLESIÁSTICA: SIGLO DIECISIETE AL DIECINUEVE

Con la llegada de las eras confesional y moderna de la historia eclesiástica y la formación de muchos ministerios y denominaciones protestantes, a pesar de muchos problemas tanto internos como externos, el Señor hizo que su obra diera pasos gigantes en muchas esferas.

Se experimentó el nacimiento del movimiento misionero con la llegada del evangelio por primera vez en la historia a muchas naciones del mundo. Las contribuciones de la iglesia evangélica en la abolición de la esclavitud, la creación de estados de gobierno más justos y democráticos, el mejoramiento de condiciones y oportunidades para niños y mujeres y el mejoramiento de las condiciones de vida de millones de personas son incuestionables.

Sin embargo, este período también se destacó por el surgimiento de una gran variedad de sectas y movimientos extremistas que abogaban por la restauración de uno u otro aspecto de la fe cristiana, que sentían que había quedado olvidado y sin uso. Dos fuerzas contribuyeron en gran manera a este fenómeno: el pietismo, con su énfasis en la relación individual con Dios; y el misticismo, que enfatizaba la comunicación directa entre Dios y el individuo sin consideración de la iglesia, el ministro o aun de la Biblia.

Karla Poewe comenta: «Durante los siglos dieciocho y diecinueve, grupos tan divergentes como bautistas, evangélicos episcopales, Iglesias de Cristo, varias denominaciones de santidad y los mormones, fueron fascinados de maneras iguales con el ideal restauracionista … Muchos evangélicos americanos se percibieron a sí mismos como quienes enfrentaban el clímax de la historia humana. Anticipaban un retorno a los comienzos del Nuevo Testamento».[43]

Muchos de estos grupos tenían entre sus filas a evangélicos sinceros y ortodoxos, que solo deseaban encontrar maneras más bíblicas de expresar su vida y fe cristiana, pero también algunos que en su fervor se fueron a extremos herejes.

Hubo docenas de grupos que se esmeraron en restaurar la vida comunitaria utópica, compartían todos sus bienes y repudiaban la propiedad privada. Otros grupos buscaron los dones del Espíritu Santo como hablar en lenguas y profetizar. Los mormones y otros similares afirmaron haber restaurado la revelación divina mediante nuevos profetas inspirados y nuevos libros. Otros «restauraron» la práctica del lavamiento de pies y el canto a capela,[44] y hasta hubo quienes «restauraron» el «don» de manipular serpientes venenosas.

---

43 Karla Poewe, *Charismatic Christianity as Global Culture,* University of South Carolina Press, Columbia, SC, EE.UU., 1994, p. 121.

44 Richard Tristano, *The Origins of the Restoration Movement,* Glenmary Research Center, Atlanta, GA, EE.UU., 1988, p. 5.

El entusiasmo restaurador en verdad no tenía límites. Por ejemplo, Ann Lee Stanley (1736-1784) enseñaba que Dios tenía una naturaleza tanto masculina como femenina, y que tal como Cristo fue la encarnación masculina de Dios, ella era la femenina. Fue la fundadora y líder de la «Sociedad Unida de Creyentes en la Segunda Venida de Cristo», mejor conocida como los «Shakers» o «Temblorosos».[45] Entre sus preceptos se enseñaba un fuerte ascetismo y celibato sexual absoluto, cosa que estimaba como una restauración imprescindible para volver a ser como la iglesia primitiva.

Por otro lado, los Oneida o «Cristianos perfeccionistas» de Nueva York, que alegaban ser evangélicos ortodoxos, «restauraron» el amor libre en su afán de ser «como los ángeles que no se casan ni se dan en casamiento». Entre los años 1848-1881 formaron una comunidad de casi trescientas personas que practicaban el «matrimonio complejo», donde cada hombre era considerado como el marido de cada mujer de la comunidad, y viceversa. Supuestamente, así se «evitaban» los males del adulterio y la prostitución.[46]

Otro grupo restauracionista extraño fue el liderado por el «profeta» Isaac Bullard. En 1817, este hombre originario de Vermont, en el noroeste de los Estados Unidos, anunció que Dios lo había llamado a restaurar el cristianismo en la tierra y a construir la nueva Jerusalén en las tierras del sudoeste de Norteamérica. Los «Peregrinos», como se les decía, llevaban barbas largas, vestían pieles de osos e iban caminando siempre repitiendo la palabra «¡mummyjum!» A la vez, en el estado de Ohio, un tal Abel Morgan Sarjant dirigió su «Imperio halcyonano» junto a doce «apóstoles», mayormente mujeres. Ellos predicaban que pronto vendría el fin del mundo y la destrucción de los impíos, y que alcanzarían la inmortalidad por medio del ayuno. Tres granos de maíz o trigo era la dieta diaria de los miembros de las «doce tribus halcyonanas». Este grupo se acabó después de que varios de sus miembros murieron de hambre.[47]

---

45 Richard Van Wagoner, *Sidney Rigdon – A Portrait of Religious Excess,* Signature Books, Salt Lake City, UT, EE.UU., 1994, p. 348.

46 Keith Bernstein, «The Oneida Community», publicación digital en la web http://religiousmovements.lib.virginia.edu/nrms/Oneida.html. Búsqueda realizada el 10 de diciembre de 2003.

47 F. Gerald Ham, «The prophet and the mummyjums», *Wisonsin Magazine of History.* 56 vols. No. 4, verano de 1973, publicación digital en la web http://www.sidneyrigdon.com/features/pilgrim1.htm. Búsqueda realizada el 20 de octubre de 2007.

Esta es solo una muestra de los movimientos restauracionistas raros que han existido. Casi todos estos compartían una visión escatológica milenaria; predicaban que Jesús volvería pronto, y basándose en Hechos 3:21, afirmaban que lo que hacían era la «restauración de todas las cosas» faltante para preparar al mundo para la Segunda Venida de Cristo. Se consideraban a sí mismos como el pueblo elegido, a quienes Cristo vendría a exaltar, y quienes reinarían con él triunfantes sobre sus detractores. Como es de suponer, y ya mencionamos, todos los elementos primitivos que estos grupos ansiaban restaurar incluyen el anhelo de recuperar el oficio del apóstol. El deseo de restaurar apóstoles en la iglesia no es, como afirman muchos hoy en día, una «revelación fresca» de fines del siglo veinte o de comienzos del siglo veintiuno, sino más bien un anhelo que ha pasado por una impresionante historia de muchos intentos durante los últimos siglos, aunque mayormente sin gran éxito o trascendencia, pues la mayoría de los cristianos de hoy, incluyendo los ministros, viven completamente ignorantes de estos fervores del pasado, y ni siquiera se mencionan en la literatura actual que promueve la restauración de apóstoles en la iglesia.

Veamos algunos ejemplos de estos esfuerzos por restaurar apóstoles en los últimos siglos.

Roger Williams de Rhode Island

La colonización de Norteamérica por parte de los ingleses y holandeses fue motivada en gran medida por la búsqueda de libertad religiosa. Grupos inconformes con la iglesia oficial anglicana como los puritanos, los shakers y los cuáqueros miraban hacia las nuevas tierras coloniales como un regalo caído del cielo. El Nuevo Mundo les prometía una oportunidad de escapar de las imposiciones y persecuciones de las autoridades eclesiástico-estatales, a fin de establecer una comunidad cristiana más conforme a sus ideales.

Uno de los líderes coloniales ingleses que vale la pena destacar en este episodio fue Roger Williams (1603-1683). Nacido en Londres y egresado de la Universidad de Cambridge, se hizo separatista y se unió a los puritanos. Viajó con ellos a Estados Unidos hasta llegar a Boston, Colonia de la Bahía de Massachussetts, en 1631. Pronto entró en conflicto con los líderes puritanos de Massachussets, y después de varios intentos por provocar cambios, fue expulsado de dicha colonia en 1635. Enfrentando el gran frío invernal, huyó hacia el sur, donde encontró refugio y amistad entre los indígenas. Compró tierras de la tribu Narragansett y con otros refugiados fundó el pueblo de Providence, un lugar de tolerancia religiosa, donde se recibía a toda persona sin importar su fe. En 1644 obtuvo el permiso oficial del rey Carlos II para formar la Colonia de Plantaciones Providence, lugar que finalmente formaría el estado de Rhode Island (el más pequeño de los Estados Unidos), con Providence como capital.

Además, las ideas que tanto le preocupaban tenían que ver con la legitimidad y el propósito de las iglesias. Se declaró en contra de la predicación de sermones evangelísticos en las iglesias. Decía que la labor del pastor no era evangelizar sino pastorear a los salvos, que no necesitan oír mensajes evangelísticos sino pastorales. La obra de evangelización debía ser hecha por evangelistas, apóstoles o profetas itinerantes, que conducirían a sus convertidos hacia las iglesias y los pastores.

El biógrafo de Williams, Edmund S. Morgan, comenta sobre sus ideas a propósito de los apóstoles-evangelistas: «Cuando un apóstol predicaba a los incrédulos, evidentemente no les predicaría como lo haría a creyentes, y tampoco se unía a ellos en oración u otros actos de adoración, a fin de que no cayesen en el error de pensar que eran aptos para tener comunicación con el Señor».[48]

Al reflexionar más sobre la iglesia y su ministerio, Williams cayó en el más profundo escepticismo. Igual que Lutero, Calvino y muchos de sus contemporáneos del siglo diecisiete, afirmó que se estaban viviendo los días del Apocalipsis y que el Papa era el anticristo.[49] Sin embargo, concluyó que desde los días de Constantino, el anticristo en forma de Papa había guerreado contra la iglesia hasta extinguirla por completo, con el resultado que desde Constantino no existían iglesias legítimas en la tierra.[50] Además, decía que el mundo estaba sumergido en la Gran Tribulación, y que ya no existían ni ministerios apostólicos ni iglesias auténticas en absoluto. La única solución del problema sería que Cristo mismo restaurara el oficio de apóstol en la tierra, para que

---

48 Edmund S. Morgan, *Roger Williams – The Church and State,* Harcourt, Brace & World, New York, NY, EE.UU., 1967, p. 43.

49 Calvino escribió: «el Papa es el capitán general de ese reino maldito» (Calvino, *Institución, Libro IV,* cap. II,12).

50 Ibid., p. 46.

ellos fundaran iglesias cristianas legítimas. Afirmaba que ni siquiera la obra de los grandes reformadores habría logrado renacer la presencia apostólica necesaria para lograr la replantación válida de la iglesia.

Al respecto, Sweet comenta: «Temprano en su ministerio, Williams estuvo molesto en cuanto a su derecho de administrar las ordenanzas de la Iglesia, concibiendo que un ministerio auténtico debe derivar su autoridad de la sucesión apostólica, y por lo tanto, él no podía asumir el cargo de pastor ... Finalmente llegó a la conclusión que la Iglesia estaba tan corrupta que no sería posible salir de tal apostasía hasta que Cristo enviara a nuevos apóstoles para plantar nuevas iglesias».[51]

Para Williams, los bautismos que se realizaban en las colonias eran ilegítimos en virtud de las carencias de apóstoles entre las iglesias.[52]

Los puritanos, por su parte, repudiaron sus enseñanzas, pues destacaban que la autoridad para ministrar no procedía de la sucesión apostólica o episcopal sino de Dios por medio del cuerpo de creyentes de una iglesia local. Los ministros y teólogos puritanos enseñaban que el acuerdo de dos o tres (luego siete) creyentes era una base suficiente para fundar una iglesia. La fuerza espiritual de la congregación no procedía de sucesión apostólica sino directamente de Dios y en respuesta al acuerdo de los miembros iniciales que hacían un pacto de formar una iglesia.[53] Williams, sin embargo, se convenció a tal grado de la ilegitimidad de las iglesias de su día que llegó al extremo de celebrar su culto cristiano en su casa, acompañado únicamente por su esposa, y no de otros creyentes en una iglesia organizada.[54]

El historiador bautista Thomas Armitage comenta: «Existía en esos tiempos una clase de hombres, muy respetable, tanto en Inglaterra como en la colonias, a quienes se llamaba "buscadores" ("seekers" en inglés), simplemente porque eran sinceros buscadores de la verdad, y que llegando a la conclusión de que era imposible encontrarla en la

51 W. W. Sweet, *Religion on the American Frontier,* Henry Holt & Co, 1931, p. 103. Citado en Van Wagoner, Richard, *Sidney Rigdon – A Portrait of Religious Excess,* p. 19.

52 Louis F. Asher, «Was Roger Williams Really a Baptist?», publicación digital en la web http://www.geocities.com/Athens/Delphi/8297/asherw.htm. Búsqueda realizada el 12 de marzo de 2005.

53 Morgan, Williams, *The Church,* p. 47.

54 Ibid., p. 40.

tierra, buscaban una nueva manifestación desde el cielo. Buscaban una línea visible y apostólica de carácter puramente espiritual, algo similar a la orden del fallecido Edward Irving, y no encontrándolo, esperaban una renovación de apóstoles, con dones del Espíritu especiales, que confirmaran sus credenciales. Cuando [Roger] Williams se separó de los Bautistas, fue clasificado con estos. Su teoría del apostolado parece haber sido la causa de su separación, y las dudas tocantes a la validez de su bautismo» (*énfasis añadido*).[55]

Ahora bien, aunque Williams no tomó pasos directos para establecer apóstoles, sus inquietudes serían adoptadas por otros más osados que él.

Los bautistas separados o de seis puntos

Con la independencia de los Estados Unidos vino un renovado fervor en pos de la «restauración» de la iglesia cristiana. El espíritu fuertemente independiente, individualista y explorador de los estadounidenses, afectado por los avivamientos de el «Gran Despertar» de fines del siglo dieciocho hasta mediados del diecinueve, produjo un sin fin de grupos restauracionistas dispuestos a enfrentar cualquier obstáculo en pos de la recuperación del cristianismo primitivo. Estos tomaron nombres como «El movimiento de vuelta a la Biblia», «El evangelio original», «El evangelio primitivo», «El evangelio pentecostiano» y «El evangelio de Jerusalén», entre otros.[56]

Apenas un año y medio antes de que los estadounidenses declarasen su independencia de Inglaterra, en la colonia de Virginia se formó un grupo conocido como «Los bautistas de seis puntos» o «Bautistas separados», que abogaban por la imposición de manos, el lavamiento de pies, el dar ósculo santo y, por un breve tiempo, el nombramiento de apóstoles.[57]

Michael Ivey explica: «Durante la sesión de octubre de 1774 del distrito sureño de la Asociación, se hizo una indagación concerniente a los oficios de la Iglesia. Usando Efesios 4:11-13 como prueba textual, la Asociación acordó, casi por unanimidad, que el oficio del Apóstol

---

55 Thomas Armitage, *A History of the Baptists*, publicación digital en la web http://www.fbinstitute.com/ armitage/ch04.html. Búsqueda realizada el 12 de marzo de 2005.

56 Wagoner, *A Portrait*, p. 19.

57 Ibid.

existía aún. Sin más discusión, los delegados nominaron y ordenaron por medio de la imposición de manos al Anciano Samuel Harris como Apóstol de Cristo … Según el Anciano Semple, una discusión posterior acerca de la repentina implementación del oficio "causó bastante calor en ambos lados". Afortunadamente el error quedó en la nada, pues el Anciano Harris nunca llegó a ejercer su nueva autoridad. Al reflexionar en la próxima sesión de la Asociación, el acto de crear un nuevo oficio de apóstol fue rescindido. El Anciano Harris eventualmente sucumbió a las tentaciones del arminianismo y abandonó la Asociación».[58]

El mormonismo

La máxima expresión del restauracionismo ha sido y es, sin lugar a dudas, la Iglesia de Jesucristo de los Santos de los Últimos Días, más comúnmente conocida como «los mormones».[59] Esta secta nació en Palmyra, Nueva York, en 1830, cuando José Smith, un joven buscador de tesoros, reclamó haber encontrado con la ayuda de un ángel unas planchas de oro con escritura hieroglífica grabada. Supuestamente mediante la ayuda de unos «anteojos mágicos» que también encontró, logró traducir aquellas planchas, y así dio a conocer al mundo *El libro de mormón*.

Para Smith, la restauración necesaria para el cristianismo no consistía en recuperar algún oficio, doctrina o práctica en particular sino la totalidad de la fe, culto y experiencia cristiana. Superando el escepticismo de Roger Williams, Smith enseñó que la iglesia había apostatado a tal grado que toda una nueva revelación era necesaria; por ende, *El libro de mormón*. Sus adeptos reclaman haber restaurado la totalidad del evangelio a la tierra, incluyendo, por supuesto, el oficio de apóstol.

Aquí no existe la intención de hacer toda una reseña del mormonismo con sus particulares doctrinas, ritos y costumbres. Tampoco se quiere sugerir que Wagner, Hamon y los otros líderes destacados del

---

58 Michael Ivey, *A Welsh Succession of Primitive Baptist Faith and Practice*, Denton, TX, EE.UU., publicación digital en la web http://www.pb.org/pbdocs/chhist5. html. Búsqueda realizada el 12 de marzo de 2005.

59 La intención en este punto no es en absoluto insinuar que los evangélicos actuales que proponen la restauración de apóstoles son mormones o parecidos a ellos sino mostrar cómo el fervor del restauracionismo apostólico operó en este grupo y las eventuales consecuencias que surgieron.

restauracionismo apostólico moderno tienen las mismas creencias que ellos. Solo pretendo resaltar que esa creencia no fue necesariamente original ni que se gestó en un vacío teológico o social, sino que era y es una expresión muy exitosa de un conjunto de ideas e ideales religiosos que abundaban en Estados Unidos hacia principios del siglo diecinueve; entre esos, la idea de la restauración de apóstoles en la iglesia.

Una de las máximas figuras de la historia mormona, sobre todo en el aspecto de la restauración de apóstoles, pero del cual sus seguidores hoy prefieren hablar poco, fue Sidney Rigdon. Como evangelista bautista, él había colaborado estrechamente durante varios años con Alexander Campbell, líder del movimiento de restauración entre los bautistas y fundador de la Iglesia Discípulos de Cristo. Sin embargo, al producirse una pugna por el poder en dicho movimiento,[60] Rigdon quedó aislado del grupo de Campbell en 1830, justo a tiempo para descubrir e interesarse en la incipiente Iglesia Mormona, donde sí encontró un lugar de liderazgo: el segundo en el mando después de José Smith.[61]

El 28 de marzo de 1835, Smith registró las palabras que hoy se conocen como la Sección 107 de la obra *Doctrinas y Convenios*, uno de los libros «inspirados» de esta secta. En aquella «revelación divina» aparece la enseñanza de los dos sacerdocios para su iglesia: el de Melquizedek y el de Aarón o levítico. A propósito de los miembros del sacerdocio de Melquizedek, que servirían como apóstoles, dice lo siguiente: «Los doce consejeros viajantes son llamados para ser los Doce Apóstoles, o testigos especiales del nombre de Cristo en todo el mundo —así se distinguen de los otros oficiales de la iglesia en los deberes de su llamamiento— y constituyen un quórum con igual autoridad y poder que los tres presidentes ya mencionados» (pp. 22-23).

---

60 La pugna giraba sobre la propiedad común de todos los bienes de los miembros de la iglesia. Campbell se oponía declarando que tal sistema solo invitaría a personas indolentes que tratarían de aprovecharse de los frutos del trabajo de otros. Rigdon insistía en que sí era el sistema neotestamentario que habría que restaurar.

61 Hay quienes afirman que Rigdon no se convirtió al mormonismo en 1830, sino que fue la fuerza motriz tras la misma confección de *El libro de mormón*. Hay testimonios de quienes reclamaron haber visto a Rigdon con Smith en varias oportunidades desde 1827 (cf. Wayne L Cowdery, et al, *Who Really Wrote the Book of Mormon?* [¿Quién en verdad escribió El libro de mormón?], Vision House, Santa Ana, CA, EE.UU., 1977).

Lo que la mayoría de los mormones actuales ignora es que la idea de establecer esos sacerdocios conformados por doce apóstoles no fue una «revelación divina» dada a Smith sino una idea y anhelo de Sidney Rigdon, que ya había enseñado semejantes cosas entre los campbellitas. Por eso, en julio de 1823, siete años antes de conocer a José Smith y su libro, y mientras colaboraba con Alexander Campbell, Rigdon fue denunciado ante las autoridades bautistas por enseñar «la restauración del orden antiguo de las cosas», que para él consistía en un sistema de propiedad común entre todos los miembros de la iglesia, donde cada uno sin falta llevaba sus bienes «para colocarlos a los pies de los Apóstoles».[62]

David Whitmer, que fue uno de los «Tres Testigos» de *El libro de mormón* y luego tenaz oponente a la doctrina de la poligamia, escribió acerca de dicha doctrina mormona sobre la restauración de sacerdotes y apóstoles lo siguiente: «El siguiente error grave que entró en la iglesia fue la ordenación de sumos sacerdotes en junio de 1831. Este error fue introducido por instigación de Sidney Rigdon ... Habíamos predicado desde agosto de 1829 hasta junio de 1831 —casi dos años— y habíamos bautizados unos dos mil miembros en la Iglesia de Cristo, y no teníamos ni un sacerdote ... Sidney Rigdon fue la causa de casi todos los errores que se introdujeron mientras él estuvo en la iglesia ... Rigdon expondría el Antiguo Testamento de la Biblia y el Libro del Mormón (a su manera) a José, tocante al sacerdocio, los sumos sacerdotes, etc., y persuadiría al hermano José a consultarle al Señor acerca de esta o aquella doctrina, y por supuesto, siempre llegaba una revelación tal como ellos querían».[63]

Los apóstoles de esta iglesia, según las expresiones de Rigdon y Smith, habían de ser misioneros, «testigos especiales ... en todo el mundo», con poder semejante a los tres presidentes que presidían sobre toda la Iglesia Mormona. Los tres presidentes originales fueron José Smith, su hermano Hyrum Smith y Sidney Rigdon. La gran ironía de la vida de Rigdon fue que con la muerte de los otros dos presidentes, José y Hyrum Smith, en 1843, en vez de quedarse con la presidencia absoluta sobre esta iglesia, Brigham Young, uno de los doce apóstoles,

---

62 Waggoner, *A Portrait*, p. 31.
63 David Whitmer, *An Address to all Believers in Christ. 1887,* Pacific Publishing Co., Concord, CA, EE.UU., 1960, p. 35.

hábilmente manipuló las cosas para elevar la autoridad del quórum de los doce apóstoles y quedarse así con el poder. Sidney Rigdon quedó descartado, excomulgado de la iglesia que tanto había ayudado a establecer, víctima de su propia creación: los «apóstoles restaurados» mormones. Con la pugna que se desató después de la muerte de Smith, esta iglesia se fragmentó en varios grupos, todos liderados por alguien que reclamaba ser el verdadero heredero del don de profecía de José Smith y que traería más revelaciones en el futuro. Entre ellos se destacan: el grupo Brighamita, que se fue a Utah bajo la dirección de Brigham Young y que son los mormones que todos conocemos hoy; el grupo Stranguita, dirigido por James Strang, que alegó encontrar más planchas grabadas en el estado de Michigan; el grupo de la Iglesia Reorganizada, dirigido por la viuda e hijo de José Smith; y el grupo de Sidney Rigdon, que se estableció en Pennsylvania y Nueva York.

Todos estos, menos los de la Iglesia Reorganizada, nombraron sus propios conjuntos de doce apóstoles. Rigdon dio un paso bastante inusual al formar un quórum de doce apóstoles mujeres. A mediados y fines del siglo diecinueve, y aun hasta hoy, existe un buen número de grupos de doce apóstoles de diversas sectas mormonas que compiten entre sí para ganar adeptos por todas partes de Estados Unidos, cada uno convencido de ser el único poseedor del evangelio y de contar con auténticos apóstoles como cabeza de su iglesia.

Este fenómeno de las pequeñas sectas mormonas es un tema que no se agota. Lo último y más reciente que se encontró en esta investigación fue la aparición de un nuevo grupo: «La Iglesia Pentecostal de Jesucristo de los Santos de los Últimos Días», establecido en 1996 por Michael Bethel, su «apóstol fundador».[64]

Eduardo Irving y la Iglesia Católica Apostólica

El primer brote del restauracionismo apostólico en Inglaterra se produjo bajo el ministerio de Eduardo Irving. Nació en 1792, comenzó a predicar en 1815, recibió su ordenación al ministerio en la Iglesia de Escocia (presbiteriana) en 1822 y tomó el pastorado de una pequeña congregación londinense. Hombre alto, de muy buen pare-

---

64 Michael Bethel, *The Pentecostal Church of Jesus Christ of Latter Day Saints*, publicación digital de la web http://www.sas.upenn.edu/~dbowie/restore/plds.html. Búsqueda realizada el 20 de marzo de 2005.

cer, carácter muy agradable y excelente orador, pronto llegó a ser uno de los predicadores predilectos entre la clase alta. Su gran capacidad hizo que en poco tiempo se levantara un templo más grande. En por lo menos una oportunidad, la fila de carruajes estacionados fuera de la iglesia durante el culto tuvo una extensión de siete kilómetros.[65]

Luego fue invitado para integrar un grupo de destacados líderes religiosos, políticos, militares y empresariales ingleses que se reunían con regularidad en la casa del banquero y miembro del parlamento Henry Drummond. Las «Conferencias de Albury» que allí se hacían se dedicaban al estudio de la Biblia, especialmente los libros proféticos, a fin de comprender mejor las situaciones sociales y políticas del día.[66] El grupo tuvo particular interés sobre la restauración de los judíos a la tierra de Palestina y las señales de los tiempos del fin.

Influenciado por las ideas y conferencias de sus colegas, Irving se convenció de que el Espíritu Santo se había separado de la iglesia cuando esta abandonó el uso de los cinco ministerios de Efesios 4:11.[67] También sintió que su papel era ser profeta y sacerdote. Como tal, publicó varios libros basados en sus sermones y predijo, entre otras cosas, que el fin del mundo se produciría en 1868.

En 1824 fue invitado a predicar en el aniversario de la London Missionary Society [Sociedad Misionera de Londres], que se había fundado en 1795. Cuando lo hizo, atacó durante tres horas con dureza el concepto de que cualquier organización hecha por hombres fuese capaz de avanzar la fe cristiana eficazmente, lo que ofendió bastante a sus anfitriones.[68] Después de lo ocurrido, comenzó a destacar cuestiones cristológicas y litúrgicas. Estableció grupos de oración encargados de buscar los dones espirituales descritos en 1 Corintios. Cabe señalar que su iglesia no fue la única embarcada en esta causa; en 1830, varios miembros de una congregación en Glasgow, Escocia, experimentaron el don de hablar en lenguas. El fenómeno se repitió en varios puntos de Gran Bretaña, incluyendo la congregación pastoreada por Irving, en 1831. Aunque él mismo no llegó a hablar en lenguas, y prohibía su uso durante los

---

65 Columba Graham Flegg, *Gathered Under Apostles – A Study of the Catholic Apostolic Church,* Clarendon Press, Oxford, UK, 1992, p. 47.

66 Ibid., p. 36.

67 D. D. Bundy, «Irving, Edgard» en *Dictionary of Pentecostal and Charismatic Movements,* p. 471.

68 Graham Flegg, *Gathered Under Apostles,* p. 49.

cultos regulares, sí defendió a quienes lo hacían, pues las consideraba como divinas y reveladoras. Sin embargo, las manifestaciones carismáticas persistieron durante las reuniones y, eventualmente, tuvo que ceder ante las presiones de sus numerosos miembros que oraban en lenguas y profetizaban en público. Las multitudes crecieron a tal punto que se cerraban y clavaban las puertas de la iglesia desde adentro, horas antes del inicio de cada reunión, una vez llenado el lugar.[69]

El 2 de mayo de 1832, la Iglesia Presbiteriana lo expulsó de su púlpito y él, junto a ochocientos feligreses y miembros de las Conferencias Albury, salió para fundar una nueva iglesia, que después se llamaría «Iglesia Católica Apostólica». Esta atrajo a gentes de variadas confesiones cristianas que buscaban las manifestaciones del Espíritu Santo.

La situación que sucedía con Irving no fue exclusiva; también se produjo un avivamiento en una parroquia católico-romana en Karlshudd, Alemania. Allí hablaron en lenguas y se dieron profecías sobre la restauración de apóstoles, profetas, evangelistas y pastores en la iglesia, los dones espirituales y la pronta Segunda Venida de Cristo.[70] El sacerdote de Karlshudd, Johann Lutz, sería finalmente excomulgado de la iglesia romana y se uniría a la Iglesia Católica Apostólica en 1857.

La nueva congregación inglesa pronto se vio en la necesidad de organizarse según las profecías que sus miembros daban, por eso establecieron un liderazgo apostólico. El 7 de noviembre de 1832, el señor Drummond profetizó a John Cardale, un abogado de treinta años de edad, que él (Cardale) era un apóstol. Un año después, Cardale le devolvería el «favor» al profetizar que Drummond y otro más también eran apóstoles.

En 1833, los apóstoles reestructuraron a sus fieles londinenses en siete congregaciones, cada una con un pastor «ángel», en identificación con las siete iglesias del Apocalipsis, para que fuesen representativas de todas las iglesias cristianas del mundo. De manera interesante, Irving, el líder y fuerza motriz del movimiento, jamás fue nombrado apóstol, pues no hablaba en lenguas. Sí se le dio el título de «ángel» de la iglesia que pastoreaba, pero poco tiempo después, y para bajar más su perfil, fue enviado de vuelta a Escocia, donde falleció un año más tarde, en 1834.

---

69 Ibid., p. 52.
70 Ibid., p. 57.

En 1835, el colegio de apóstoles en Londres fue aumentado a doce, todos nombrados como tales por palabras de profecía. Eran considerados los doce apóstoles gentiles, en simetría con los doce apóstoles judíos del primer siglo. En las reuniones celebradas en la casa de Drummond, los profetas proclamaron que esos doce serían enviados por todo el mundo para predicar el evangelio y así prepararían la tierra para la Segunda Venida de Cristo.[71]

71 No se debe pensar que estos doce varones fueron hombres de poca cultura o baja posición social. Varios de ellos eran abogados y dos eran miembros del parlamento inglés. La lista de los doce apóstoles, con sus funciones seculares, la zona del mundo que se asignó a cada uno y la tribu de Israel con que se identificó a cada cual es la siguiente:

Nombre del apóstol (fecha nacimiento-muerte)	Profesión	Región asignada	Tribu de Israel
John Bate Cardale (1802-1877)	Abogado	Inglaterra	Judá
Henry Drummond (1786-1860)	Terrateniente y miembro del parlamento inglés	Escocia y Suiza protestante	Rubén
Henry King-Church (1787-1865)	Funcionario en la torre de Londres	Dinamarca, Bélgica y Holanda	Gad
Spencer Perceval (1795-1859) (Hijo mayor del primer ministro inglés asesinado en 1812)	Miembro del parlamento inglés	Italia	Aser
Nicolás Armstrong (1801-1879)	SACERDOTE ANGLICANO, RECTOR DE SAN DUNSTAN, LONDRES.	IRLANDA Y GRECIA	NEPTALÍ
Francis Valentine Woodhouse (1805-1901) (Hijo del decano de Lichfield)	ABOGADO, EVENTUALMENTE «PADRE DE LA BARRA»	AUSTRIA Y EL SUR DE ALEMANIA	MANASES
Henry Dalton (1805-1867)	SACERDOTE ANGLICANO, VICARIO DE FRITHELSTOCK, DEVON	FRANCIA Y SUIZA CATÓLICA	SIMEÓN
John Owen Tudor (1784-1861)	AUTOR, ARTISTA, EDITOR DE «THE MORNING WATCH»	POLONIA	LEVÍ
THOMAS CARLYLE (1803-1855)	ABOGADO	NORTE DE ALEMANIA	ISACAR
FRANK SITWELL (1797-1864)	NOBLE DEL CASTILLO BARMOOR, CUÑADO DEL ARZOBISPO DE CÁNTERBURY	ESPAÑA Y PORTUGAL	ZABULÓN
WILLIAM DOW (1800-1855)	MINISTRO DE PARROQUIA EN TONGLAND, DUMFRIES.	RUSIA	JOSÉ
DUNCAN MACKENZIE (1785-1855)	QUÍMICO, ANCIANO EN LA IGLESIA DE IRVING. ÚNICO APÓSTOL QUE RENUNCIÓ AL CARGO.	NORUEGA Y SUECIA	BENJAMÍN

Es interesante observar que los doce apóstoles irvingitas se repartieron entre sí el continente europeo, Escandinava y Rusia para la evangelización. A nadie se le asignó África, Asia, el Medio Oriente, Australia, o las Américas, lugares perfectamente bien conocidos por la gente educada de aquel tiempo.

El 14 de julio de 1835 (el mismo año en que José Smith escribió la «revelación» acerca de los apóstoles mormones), el Concilio de las Siete Iglesias (o Concilio de Sión) se reunió con el propósito de «apartar» a los apóstoles para enviarlos a su misión evangelizadora por el mundo. Los apóstoles no viajaron de inmediato sino que se quedaron en Albury para ministrar en las siete iglesias y preparar sus métodos de evangelismo y liturgia de adoración. Desarrollaron ideas sobre la adoración con base en interpretaciones tipológicas y alegóricas del tabernáculo de Moisés.[72] Por ese tiempo, también se preparó un documento llamado «El Testimonio Mayor» o «El Testimonio Católico», que detallaba los males que afligían a la iglesia cristiana, anunciaba la anarquía venidera que destruiría las instituciones tanto de la iglesia como del estado, llamaba al arrepentimiento, y anunciaba la llegada al mundo de los nuevos apóstoles como también su pronta visita.[73] La intención era que aquel documento fuese enviado a todos los líderes de las iglesias cristianas en el mundo, además de los líderes políticos destacados. Copias fueron enviadas al Papa, al Emperador de Austria, al rey de Francia y a otros líderes europeos, aunque sin notable efecto. También fueron preparadas copias especiales por las congregaciones afiliadas en los Estados Unidos y Canadá para sus respectivos gobernantes.

Finalmente, en 1838, los doce apóstoles partieron en su misión, que según los planes debía durar mil doscientos sesenta días. El historiador Graham Flegg resume los resultados de aquel cometido: «En términos de éxito misionero, los resultados fueron escuetos en la mayoría de las tribus. Ningún avance se hizo en los países ortodoxos. Se presentaron grandes dificultades en las regiones católico-romanas, aunque parece que hubo un poco de éxito en Francia e Irlanda. Lo más prometedor de todo para el futuro fueron los

---

72 Graham Flegg, *Gathered Under Apostles*, p. 69.
73 Ibid., p. 72.

resultados en las regiones protestantes, especialmente en el norte de Alemania. Pero se debe recordar que su tarea principal fue «espiar la tierra», y en eso parece que gozaron de bastante éxito».[74]

Sin embargo, al regresar los apóstoles de aquella misión, encontraron que existía una división en la Iglesia Católica Apostólica. La crisis radicaba en la autoridad: si los apóstoles estaban bajo la autoridad del Concilio de Sión, o si el Concilio de Sión estaba bajo la autoridad de los apóstoles. No ayudó el hecho que los profetas daban profecías de apoyo, unos y otros en direcciones opuestas; y como hasta entonces todo se había hecho con base en palabras de profecía, nadie quería negar su autoridad. Los doce apóstoles, por lo tanto, se jugaron «el todo por el todo» y pusieron un ultimátum: o se reconocía que ellos tenían toda la autoridad, o renunciaban. El concilio, temeroso de la anarquía que tanto se había profetizado, se doblegó. Los apóstoles no perdieron tiempo; desbandaron al Concilio de Sión y se reservaron para sí el derecho de juzgar toda profecía.[75]

La mayoría de los miembros de la Iglesia Católica Apostólica aceptaron el gobierno apostólico absoluto, aunque algunos se separaron prefiriendo los aspectos carismáticos de otros nuevos grupos más que el ministerio institucional que observaban venir.

El uso de la profecía fue menguando en los cultos de aquella iglesia, y no se estableció ningún mecanismo de sucesión apostólica. No hubo más viajes misioneros de parte de los apóstoles. Hubo crisis de apatía y desilusión al ir falleciendo uno por uno los apóstoles, sin que se manifestara la Segunda Venida de Cristo. La liturgia se fue pareciendo cada vez más a la de la Iglesia Católica y Anglicana. El último de los doce apóstoles falleció en 1901, y la Iglesia Católica Apostólica en Inglaterra dejó de existir, salvo por un puñado de fieles.

Por su parte, una iglesia hija alemana se independizó en 1863, y hasta hoy mantiene su propia línea de sucesión apostólica. Es la Neu-Apostoliche Gemeinde [La Nueva Iglesia Apostólica]. Es una iglesia litúrgica, no carismática, que cree en sus apóstoles, que vol-

---

74 Ibid., p. 76.
75 Es interesante notar la similitud de la conducta de estos doce apóstoles con los apóstoles mormones cuando veían llegar a un rival que podría tomar autoridad sobre la iglesia.

vió a adoptar mucha de la doctrina y la liturgia católico-romana, y es bastante exitosa, pues cuenta con unos ocho millones de miembros en el mundo.

OBSERVACIONES DE LA HISTORIA ECLESIÁSTICA: SIGLO VEINTE

John Alexander Dowie

Dowie fue un importante precursor del movimiento pentecostal del siglo veinte, ferviente predicador del restauracionismo y apóstol autoproclamado. Nació en Escocia en 1847, y a la edad de trece años se fue a vivir con un tío en Australia. Ahí se convirtió y llegó a ser pastor y evangelista. En 1888, a los cuarenta y un años de edad, sintió el llamado de Dios para ministrar en los Estados Unidos, y con su familia se trasladó a Chicago. Para 1893, había levantado el «Tabernáculo de Sión», donde predicaba a multitudes. Un milagro de sanidad producido en un primo del asesinado Presidente Abraham Lincoln le trajo mucha fama. Su mensaje enfatizaba la sanidad divina, y repudiaba todo uso de medicinas o consultas a doctores. «No puede existir comunión entre la sangre de Cristo y la medicina»,[76] decía.

En 1895 fundó la «Iglesia Cristiana Católica Apostólica» con una mira hacia el fomento de una nueva ola de restauración en el cristianismo y en imitación de la iglesia fundada por Irving. En 1900 estableció a «Sión», una nueva comunidad cristiana a las afueras de Chicago, con la esperanza de que esta se convirtiera en una utopía, libre de «cantinas, salas de juego, casas de mala reputación, tabaquerías, hospitales, consultorios médicos, teatros, salones de bailes, logias secretas e iglesias apóstatas»,[77] además de todo producto derivado del cerdo. Después de pocos años, la nueva comunidad alcanzó una población de seis mil habitantes.

En 1901, su personalidad excéntrica se manifestó de maneras más fuertes. Dejó de llamarse por su nombre familiar y anunció a su iglesia que era Elías, el «Restaurador», y que así se llamaría desde entonces. Declaró que era apóstol y que llevaría una plena restauración del cristianismo apostólico. Las iglesias que no se unieran a

---

76 Blumhofer, *Restoring the Faith*, p. 22.
77 Ibid., p. 23.

su iglesia «se quedarían sin esperanza».[78] En 1903 organizó grandes cruzadas en el famoso estadio techado Madison Square Garden de Nueva York. Gastó un cuarto de millón de dólares solamente en la contratación de ocho trenes para conducir su comitiva desde Illinois hasta la costa este. Apareció en la ciudad vestido de traje negro, acompañado de mil hombres, y un coro femenil de centenares de mujeres, todas vestidas de blanco.[79] Se jactaba diciendo: «Juan el Bautista fue, digo con toda humildad, igual que yo, libre de orgullo». También declaró que en solo una de sus campañas acontecían más milagros que en toda la Biblia.[80] En 1904, se fue de gira alrededor del mundo y vestía unas ropas sacerdotales como las del antiguo Sumo Sacerdote israelita, con una gran cruz en medio del efod. Ante provocaciones hechas por reporteros en Suiza, pidió que Dios hiciera caer fuego del cielo sobre ellos, en afán de ser igual que Elías.

Súbitamente se produjo el fin de su ministerio. Sufrió un derrame cerebral en 1905, y pronto perdió el control de su comunidad en consecuencia de sus graves fallas administrativas y la pérdida de grandes inversiones que sus fieles habían hecho. Falleció en 1907 «en desgracia e ignorado por la mayoría de los miles que lo habían aclamado».[81]

El avivamiento de calle Azusa y los comienzos de las Asambleas de Dios

No puede existir duda de que gran parte del movimiento pentecostal mundial del siglo veinte tuvo su génesis en el avivamiento de la calle Azusa en Los Ángeles, California. Este comenzó en abril de 1906 y se prolongó de manera intensa por tres años con una sucesión de cultos diarios interminables, absolutamente dominados por la acción del Espíritu Santo. El líder del avivamiento, William Seymour, un afroamericano descendiente de esclavos, fue inicialmente alumno de Charles Parham, bajo cuyo ministerio ocurrió el primer gran avivamiento

---

78 Walter J. Hollenweger, *The Pentecostals*, Hendrickson, Peabody, MA, EE.UU., 1988, p. 117.

79 Ibid.

80 Ibid., p. 118.

81 Edith Blomhofer, «Dowie, John Alexander», *Dictionary of Pentecostal and Charismatic Movements*, Regency, Grand Rapids, MI, EE.UU., 1988, p. 249.

pentecostal (1901), marcado por la llenura del Espíritu Santo con la evidencia inicial del hablar en lenguas.

El movimiento de Parham se llamaba «Misión de fe apostólica». Sin embargo, tanto el ministerio de Parham como el de Seymour en calle Azusa promovían el bautismo en el Espíritu Santo con hablar en lenguas como señal, sobre toda otra cosa. El empleo de la palabra «apostólica» era para indicar que se estaba regresando a la experiencia y la fe de los tiempos apostólicos, y no que se esperaba que Dios levantaría una nueva generación de apóstoles modernos. No se hablaba entonces de una restauración del «ministerio apostólico» sino de la «fe apostólica».

Parham y Seymour eran restauracionistas en grande. Creían con firmeza que vivían en los tiempos finales y que Dios estaba enviando a su iglesia una restauración de la «fe apostólica» con señales y milagros de sanidad divina para que se predicara el evangelio con poder en todo el mundo y antes del fin. Sin embargo, no hay evidencia de que ellos hubiesen reclamado para sí o para otro el título de «apóstol». Seymour, por su parte, era un hombre tan humilde que pasaba horas orando con la cabeza hundida en una caja de zapatos, a fin de interceder por aquellos que, según el Espíritu dirigía, ministraban a la gente.[82]

Gracias a sus ministerios y otros, durante la primera década del siglo veinte miles de personas, tanto de Norteamérica como de muchos otros países del mundo entero, entraron a la fe y experiencia pentecostal. Con el pasar de algunos años se fue reconociendo en los Estados Unidos la necesidad de establecer lazos de confraternidad entre las muchas nuevas congregaciones, de publicar noticias acerca de lo que el Espíritu Santo hacía a través del país, y de mejorar el apoyo de los misioneros pentecostales que habían salido a predicar a tierras lejanas.

A pesar de las objeciones de algunos, en diciembre de 1913 un grupo de pastores pentecostales hizo un llamado para que en abril de 1914 se reuniesen en Hot Springs, Arkansas, todos los que quisieran colaborar «en amor y paz para promover los intereses del reino de Dios».[83] Llegaron unas trescientas personas, incluyendo ciento veintiocho pastores. En aquella reunión se establecieron las bases de la con-

82 William Menzies, *Anointed to Serve*, Gospel Publishing House, Springfield, MO, EE.UU., 1971, p. 52.
83 Blumhofer, *Restoring the Faith*, p. 116.

fraternidad de iglesias llamada «Concilio General de las Asambleas de Dios», y quedaron electos E. N. Bell, un pastor exbautista de cuarenta y ocho años, como presidente de la asamblea y un joven evangelista de veintiséis años, J. Roswell Flower, como secretario.[84] La asamblea solo aprobó una declaración de propósitos que rezaba: «Sea resuelto, que nos reconocemos como un CONCILIO GENERAL de santos Pentecostales (bautizados en el Espíritu Santo) de Iglesias locales de Dios en Cristo, Asambleas de Dios, varias Misiones e Iglesias de Fe Apostólica, y Misiones Pentecostales del Evangelio Pleno ... cuyo propósito no es legislar leyes de gobierno, ni usurpar autoridad sobre dichas Asambleas de Dios ... sino reconocer métodos escriturales de orden de culto, adoración, unidad, comunión, trabajo y negocios de Dios, y desaprobar todo método, doctrina y conducta no escritural, y aprobar toda verdad y conducta escritural, esforzándonos para mantener la unidad del Espíritu en el vínculo de la paz».[85]

A buenahora se logró establecer dicha base, pues los impulsos restauracionistas de algunos pronto lucharían contra el criterio de la escrituralidad expresada en la declaración antes mencionada. Por otra parte, el asunto que traería la primera gran controversia al joven movimiento pentecostal y en particular a las Asambleas de Dios ya había nacido un año antes, en abril de 1913. Durante un gran «Campamento Mundial de la Fe Apostólica», celebrado en Arroyo Seco, cerca de Los Ángeles, California, con la presencia de la renombrada evangelista Maria Woodworth-Etter y unas dos mil personas, un asistente, Frank Schaeppe, se quedó impactado con los milagros que se producían «en el nombre de Jesús». Después de pasar una noche orando y meditando sobre el asunto, Schaeppe anunció a los presentes en el campamento que Dios le había dado una revelación sobre el poder que hay en el nombre de Jesús.[86] Luego, en el mismo campamento, se celebró una celebración de bautismo en agua. Un evangelista canadiense predicó y casualmente mencionó que en Hechos no aparece ningún caso de bautismo con la formula trinitaria de Mateo 28:19, sino que se bautizaba siempre en el nombre de Jesús. Sin embargo, decía, no había problema con usar la fórmula trinitaria.

---

84 Menzies, *Anointed to Serve*, pp. 98,135.
85 Blumhofer, *Restoring the Faith*, p. 119.
86 Ibid., p. 128.

Otro de los presentes, un predicador australiano de nombre Frank Ewart, meditó bastante sobre aquellas palabras y luego anunció al campamento que Dios le había revelado que «los tres títulos, Señor, Jesús y Cristo, eran contrapartes de Padre, Hijo y Espíritu Santo, que Jesús era en verdad EL NOMBRE (singular) del Padre, el Hijo y el Espíritu Santo».[87] Es decir, la doctrina ortodoxa de la Trinidad con la separación de las personas de la deidad era incorrecta. Así nació la teología «Solo Jesús».

El entusiasmo producido por el fervor de haber «restaurado» una verdad bíblica tan importante se extendió rápidamente entre las iglesias pentecostales. Se predicaba que toda persona que había sido bautizada «en el nombre del Padre, del Hijo y del Espíritu Santo» debía volver a ser bautizada, pero solo «en el nombre de Jesús».

Cuando se fundó las Asambleas de Dios un año después, esta corriente ya gozaba de gran aceptación en muchos lugares. Varios de los asistentes de Hot Springs de abril de 1914 luego buscarían ser rebautizados, incluyendo a mediados de 1915 el mismo E. N. Bell, primer presidente de la nueva organización (abril a noviembre de 1914).

Sin embargo, J. R. Flower, el secretario nacional, y otros empezaron a preocuparse por la corrección y la dirección de esta corriente. ¿Era esta enseñanza de veras una restauración de la fe apostólica? Blumhofer comenta: «Estaba en juego la naturaleza del concepto pentecostal de la restauración. El secreto de la atracción de las enseñanzas de Ewart yacía en su insistencia que él estaba recuperando más de la enseñanza de los tiempos del Nuevo Testamento. Hasta la llegada de Ewart, la mayoría de los pentecostales había mantenido la restauración dentro de los confines de la ortodoxia popular. La historia eclesiástica estaba sembrada de historias de grupos entusiastas afines que se habían levantado para después desaparecer. Sin embargo, como evangélicos radicales, los pentecostales ya estaban marginados en cuanto a la religión. Ahora enfrentaban un desafío elemental: qué hacer si el impulso restauracionista los movía aun más allá de los límites porosos del evangelicalismo popular».[88]

La confusión sobre el asunto de ser o no ser rebautizado creció durante todo 1915. En octubre del mismo año, Flower y los ejecutivos

---

87 Ibid.
88 Ibid., p. 130.

decidieron convocar a otro Concilio General. El que había ocupado la presidencia desde noviembre de 1914, Arch Collins, no se presentó el primer día de reunión y Flower tuvo que presidir sobre nuevas elecciones. John Welch quedó elegido a la presidencia. En este concilio participaron quinientos veinticinco ministros. Después de dos días de debates sobre la doctrina trinitaria y el bautismo, aprobaron un documento que recomendaba que los pastores no animaran a que todos se rebautizaran sino solo a los que sentían que su primer bautismo no había sido un bautismo cristiano, y que los predicadores itinerantes no debían interferir en los asuntos bautismales de las iglesias locales establecidas.[89]

En octubre de 1916 se celebró el Cuarto Concilio General de las Asambleas de Dios con la asistencia y participación del mismo Ewart y otros proponentes de la doctrina «Solo Jesús». Para entonces, E. N. Bell había cambiado de idea y vuelto a estrechar lazos de fe trinitaria con Flower y Welch. En esa ocasión, un comité de resoluciones presentó la «Declaración de Verdades Fundamentales» para su aprobación. Los antitrinitarios reclamaban que se intentaba establecer un credo por encima de las Escrituras. Sin embargo, el concilio aprobó dicha declaración y con esta una moción que recomendaba que los pastores de las Asambleas de Dios bautizaran con las palabras de Mateo 28:19. Se decidió cancelar todos los certificados ministeriales previos y se emitieron nuevas credenciales que incluían los «principios fundamentales».

Estas acciones resultaron en la eventual renuncia de 156 de los 585 ministros miembros de las Asambleas de Dios, como también una fuerte baja en las ofrendas misioneras.[90] No obstante, aseguró el rumbo del movimiento en la senda de la teología trinitaria ortodoxa, como también advirtió sobre la necesidad de considerar la escrituralidad de toda nueva acción de «restauración». Este compromiso con la sana doctrina también motivó a muchos otros ministros a unirse a las filas de las Asambleas de Dios. En 1917, el número de ministros subió a 573, y para 1918 llegó a 819. De esa misma manera siguió creciendo, como revelan las cifras de los próximos cincuenta años: 1929: 1641; 1939: 3592; 1949: 6225; 1959: 9273; y 1969: 11459.

---

89 Ibid., p. 133.
90 Blumhofer, *The Assemblies of God,* p. 236; Menzies, *Anoited to Serve,* p. 120.

El caso de la controversia «Solo Jesús» muestra de forma fehaciente que no todo lo que se hace bajo la bandera de la «restauración» efectivamente lo es, y que la iglesia no debe sentirse obligada a doblegarse ante toda persona que reclame estar «restaurando» algo de la iglesia primitiva a la iglesia de hoy.

Esta valiosa lección volvería a servir mucho treinta años más tarde, cuando el mismo Flower junto a otra generación de líderes de las Asambleas de Dios enfrentaría de nuevo a un fervor restauracionista mal concebido.

Movimiento «La Nueva Orden de la Lluvia Tardía»

Para mediados del siglo veinte, las Asambleas de Dios de Estados Unidos habían crecido en número de ministros y congregaciones, tomaron formas y elaboraron proyectos que sin duda hubieran asombrado a los humildes fundadores de 1914. Con oficinas nacionales ubicadas en Springfield, Missouri, para los albores de 1950 habían dado pasos gigantescos en la plantación de iglesias en el país, el envío de misioneros y establecimiento de iglesias nacionales alrededor del mundo, y en la preparación de obreros para el ministerio.

En 1946, el Concilio General de las Asambleas de Dios sostenía a 600 misioneros alrededor del mundo, con un presupuesto de más de $1.500.000 dólares anuales.[91] Para 1951, las Asambleas de Dios de Estados Unidos contaban con 5.950 congregaciones y más de 318.000 miembros.[92] Para 1948 contaban con 11 institutos bíblicos residenciales más un instituto por correspondencia.[93] En ese mismo año se aprobó la añadidura de un cuarto y quinto año de estudios al programa de la Central Bible Institute [Instituto Bíblico Central], de Springfield, para que este diera títulos académicos avanzados y reconocidos. Ya existía consenso de la necesidad de una universidad de ciencias y humanidades para dar una alternativa cristiana a la juventud asambleísta. En 1947 habían participado en la formación de la «Accrediting Association of Bible Institutes and Bible Colleges» [Asociación de

---

91 Blumhofer, «Dowie, John Alexander», p. 55.
92 Everett Wilson, *Strategy of the Spirit – J. Philip Hogan and the Growth of the Assemblies of God Worldwide 1960-1990*, Paternoster Press, Cumbria, Inglaterra, 1997, p. 15.
93 Blumhofer, *The Assemblies of God*, p. 123.

Acreditación de Institutos y Colegios Bíblicos].[94] Lo que había comenzado como un «movimiento» definitivamente se había convertido en una denominación.

Todo esto sirve de trasfondo para comprender mejor el fenómeno de «La Nueva Orden de la Lluvia Tardía». Con el crecimiento de los programas dirigidos desde Springfield, y a pesar de estos grandes logros, en muchos sectores se sentía un añoro por los fervorosos días del pentecostalismo temprano de comienzos de siglo, libre, puramente congregacional, donde cada iglesia ordenaba sus asuntos y formulaba sus doctrinas de modo independiente. Era un cultivo fértil para la aceptación de toda cosa que pareciera ser un avivamiento pentecostal «a la antigua».

En 1947, tres ministros canadienses, dos hermanos de sangre, Jorge y Ernesto Hawtin, y un tercero, Percy Hunt, abandonaron bajo disciplina su organización eclesiástica, las Asambleas Pentecostales del Canadá, y se dirigieron a la provincia de Saskatchewan, donde fundaron un ministerio de nombre «Sharon», que combinaba un orfanato, una escuela de aviación y un pequeño instituto bíblico. En febrero de 1948 celebraron un tiempo de ayuno y oración prolongado del cual emergieron convencidos de que habían entrado en una «nueva orden», «La Nueva Orden de la Lluvia Tardía». Comenzaron a emitir fuertes críticas a las denominaciones pentecostales y anunciaron que había llegado un avivamiento más poderoso.[95]

Heridos por la disciplina que habían sufrido y motivados por un fuerte antidenominacionalismo, proclamaron que «todas las sectas y denominaciones desde el día de Pablo hasta hoy existen por causa de la carnalidad del hombre», y que las denominaciones eran contrarias al «vino nuevo» y «mayor luz» que ellos habían recibido.[96] Predicaron que el gobierno eclesiástico local debía establecerse según la definición del «ministerio quíntuple» de Efesios 4:11, con apóstoles, profetas, evangelistas, pastores y maestros presentes en cada congregación local. Cada iglesia local habría de ser independiente y soberana, pero con buenas relaciones fraternales frente a otras congregaciones.

Durante 1948-1950, por Canadá y el norte de Estados Unidos muchos pastores y congregaciones se unieron a La Nueva Orden de la

---

94 Ibid.
95 Blumhofer, *Restoring the Faith,* p. 204.
96 Ibid., p. 206.

Lluvia Tardía, atraídos por la manera en que manejaba el tema de los dones espirituales. Los líderes de esta corriente repartían dones y oficios ministeriales a las personas presentes en sus reuniones mediante palabras de profecía e imposición de manos. Entre los «dones espirituales» que se repartieron hubo una singular variedad, incluyendo los dones conocidos de lenguas, interpretación de lenguas, profecía y sanidades, y también dones inusuales como el de ofrendar, de hacer misericordia, de periodismo, y hasta para dibujar caricaturas.[97] A la esposa de un pastor se le dio el «don de administración», y a su marido el «don de obediencia» con la orden de que siempre debía consultarle primeramente a ella sobre qué debía hacer o de qué debía predicar.[98] Los dones y ministerios recibidos de tal manera eran estimados como de mayor valor que la ordenación al ministerio que hacían los presbiterios de las Asambleas de Dios.[99]

Aquellos reconocidos como «apóstoles» y «profetas» fueron elevados a posiciones de gran autoridad, donde no faltaron los abusos. Se atribuía a las palabras de los profetas de aquella orden un grado de inspiración igual al de las Escrituras, aunque a veces sus «profecías» no resultaban muy acertadas. A una pareja de más de cincuenta años de edad se les profetizó que irían de misioneros a China y que, al pisar el suelo de ese país, ambos recibirían el don de hablar perfectamente en ese idioma, y que la hermana sería sanada de un oído sordo... cosas que no pasaron.[100]

Quizá el extremismo más destacado de esa orden fue la enseñanza de los Hawtin sobre los «hijos manifiestos de Dios», basada en Romanos 8:18-23. La enseñanza de estos nuevos «apóstoles» fue que Dios causaría el crecimiento espiritual de algunos miembros del movimiento, de tal modo que llegarían a ser «vencedores» que conocerían la «vida eterna» en el sentido de seguir viviendo físicamente de manera perpetua hasta la venida de Cristo, sin importar cuántos años hubieran de pasar. Esta «manifestación de los hijos de Dios» sería la señal del favor de Dios sobre el movimiento y sus maestros. Tres personas, Max Moorhead, Seeley Kinney e Iván Spencer dieron testimonio de ser aquellos hijos manifiestos de Dios que «nunca» morirían.

---

97 Ibid., p. 207.
98 Ibid., p. 208.
99 Ibid.
100 Ibid.

Otro aspecto triste de esta orden fue su énfasis en criticar y atacara a las iglesias pentecostales que no abrazaban sus particulares doctrinas y gobierno eclesiástico. En vez de canalizar todo su fervor en esfuerzos evangelísticos, pasaban la mayor parte de su tiempo tratando de proselitar a sus hermanos pentecostales clásicos o de criticar a quienes se les oponían.

Las Asambleas de Dios de Estados Unidos reaccionó rápidamente ante las enseñanzas de aquella orden, sobre todo en cuanto a las acusaciones de que las Asambleas de Dios ya no eran de pensamiento pentecostal. En las ediciones del 9 y 16 de abril de 1949, el Superintendente General Ernesto Williams publicó en el órgano oficial «Pentecostal Evangel» [Evangelio Pentecostal] dos artículos que respondían a dichas alegaciones: «¿Somos pentecostales?» y «Dones espirituales».

El 20 de abril de 1949, en respuesta a una gran cantidad de consultas, el Presbiterio Ejecutivo envió una carta de seis páginas a todos sus ministros que detallaba el desacuerdo que el concilio tenía con esa orden. Tal escrito comenzó citando una carta que se había recibido de parte de los ejecutivos de las Asambleas Pentecostales del Canadá. Al respecto, los hermanos canadienses declararon: «Por algunos años tuvimos en uno de nuestros institutos bíblicos ... un hombre que no cooperaba. Era un fuerte individualista, con una considerable habilidad, pero con una actitud desafiante ante sus hermanos. Se toleraron sus acciones por años, hasta que finalmente el ejecutivo distrital sintió que no podía continuar, y le pidieron la renuncia. Él y un asociado en el instituto renunciaron. Sus nombres son George R. Hawtin y P. G. Hunt ... Estos atacan religiosamente a todas las organizaciones, y a la nuestra en particular ... Han creado un furor terrible en su propio distrito, Saskatchewan, pero los hermanos ahí han logrado resistir bastante bien, aunque perdieron a algunos obreros y un pequeño número de asambleas pequeñas ... Afirman que han recibido una visión fresca de parte de Dios y, por lo tanto, están repartiendo "dones". Llaman a las personas a pasar al frente, les imponen las manos, y les reparten dones, especialmente los dones de sanidad, lenguas, interpretación de lenguas y profecía ... Declaran que ciertas personas han sido llamadas a algún campo misionero, y van tan lejos como para decirles que al llegar al campo de su llamado, hablarán el idioma nativo ... Esta cosa evidentemente ha comenzado con un pésimo fundamento, con mucho sentimiento rencoroso, y nunca podrá prosperar».[101]

El Presbiterio Ejecutivo continuó explicando de manera profunda a los ministros la naturaleza de las enseñanzas de aquella orden. Una sección se titulaba «La implicación más seria de la Nueva Orden», y decía lo siguiente: «A nuestro juicio, el aspecto más serio del "Movimiento la Nueva Orden de la Lluvia Tardía" es la creencia de que Dios está AHORA colocando en el cuerpo de Cristo sus miembros a través de la imposición de manos y profecía; que Él está, por este medio, confirmando los dones ministeriales de primeramente apóstoles, en segundo lugar, profetas, en tercer lugar, maestros, etc. La ordenación de nuestros ministros mediante la imposición de manos del Presbiterio es descartada por estos hermanos, es decir, descartada a menos que hubiese sido acompañada del don profético designando a qué ministerio ha sido llamado el ministro, y con una confirmación profética de los dones con que ha sido investido ... A los miembros del cuerpo se les está confirmando en sus dones, de tal manera que muchos miembros de la iglesia local están recibiendo dones de sanidades, milagros, profecía, liberación de demonios, etc. Luego, cuando dichos ministerios se requieran en la iglesia, los miembros del cuerpo que hayan recibido tales dones son llamados al frente para ministrar por la necesidad particular».[102]

En agosto de 1949, se celebró el Concilio General de las Asambleas de Dios en Seattle, Washington. Allí se habló de forma extensa acerca del problema de aquella orden, y, por absoluta mayoría, fue aprobada una resolución de rechazo a lo siguiente:

1. El excesivo énfasis relativo a la concesión, identificación, transmisión o confirmación de dones por medio de la imposición de manos y profecía.

2. La enseñanza errónea de que la Iglesia está edificada sobre el fundamento de apóstoles y profetas de la actualidad.

3. La enseñanza extrema, defendida por la "Nueva Orden", tocante a la confesión de pecado al hombre y a la liberación como la practican, que reclama prerrogativas a la agencia humana que pertenecen solo a Cristo.

---

101 Citado en la «Carta ministerial del Concilio General de las Asambleas de Dios, 20 de abril de 1949», que se encuentra en las oficinas del Archivo de las Asambleas de Dios, Springfield, Missouri.

102 Ibid.

4. La enseñanza errónea concerniente a la entrega de idiomas como equipamiento especial para la obra misionera.

5. La práctica extrema y no escritural de impartir o imponer directrices personales por medio de los dones vocales.

6. Tales otras tergiversaciones y distorsiones de interpretación de las Escrituras que están en oposición a las enseñanzas y prácticas generalmente aceptadas entre nosotros.[103]

Con el pasar del tiempo, se vio que los resultados de la controversia fueron en realidad de poca consecuencia para las Asambleas de Dios. En enero del 1949, Stanley Frodsham, editor en jefe del «Evangelio Pentecostal» desde 1916, abrazó las enseñanzas de aquella orden y renunció a su cargo en las oficinas del concilio. Este fue el único líder nacionalmente conocido entre las Asambleas de Dios que se unió al movimiento. Blumhofer comenta: «Representaba a muchos que miraban con esperanza la promesa de avivamiento» y, sin embargo, Frodsham «prontamente descubrió los extremos alarmantes y abandonó la restauración».[104]

En mayo de 1950, en el Concilio del Distrito de Michigan se tomó acción decisiva para tratar con el elemento de aquella orden. De las doscientas congregaciones del distrito, solo dos se retiraron.[105] En una carta escrita el 1 de febrero de 1952, el distinguido veterano Secretario General del Concilio General, J. R. Flower, afirmó con optimismo: «Hemos escasamente perdido una docena, y ciertamente no más de cincuenta ministros de entre los seis mil. En un lugar, los diáconos se levantaron contra el pastor y, aunque fue necesario recurrir a los tribunales civiles, estos salvaron a su templo para las Asambleas de Dios. Aquella iglesia hoy tiene una congregación mayor que antes de la división y una mejor situación financiera. El ejemplo de aquella iglesia sin duda salvó a otras iglesias que quizás hubieran sido afectadas de manera similar».[106]

Sin embargo, Flower no pudo saber que La Nueva Orden de la Lluvia Tardía, aunque al parecer moribunda, no había fallecido sino que reflorecería bajo nuevas consignas para finales del siglo veinte.

---

103 Copia de la resolución original, que fue vista en las oficinas del Archivo de las Asambleas de Dios, en Springfield, Missouri.

104 Blumhofer, *The Assemblies of God*, p. 63.

105 Menzies, *Anointed to Serve*, p. 324.

106 Carta de Joseph R. Flower a J. A. Matthews, 1 de febrero de 1952, vista en las oficinas del Archivo de las Asambleas de Dios, Springfield, Missouri.

Las Asambleas de Dios en Sudáfrica

Un capítulo de la historia del restauracionismo apostólico, desconocido por muchos en América, concierne a lo acontecido en las Asambleas de Dios en Sudáfrica durante el siglo veinte. El avivamiento pentecostal llegó por primera vez a ese país en 1908, con el arribo de los misioneros pentecostales canadienses Carlos Chawner y John Lake. Este último había sido un anciano en el ministerio de Alexander Dowie en Sión. En Sudáfrica estableció la «Apostolic Faith Misión» [Misión de Fe Apostólica], una iglesia pentecostal que aún existe allí y que se caracteriza por un marcado antiintelectualismo entre sus pastores.[107]

Chawner llegó como fruto del avivamiento de la calle Azusa. Al llegar otros misioneros estadounidenses en 1911, se fortaleció la obra. Ellos llegaron a pedir credenciales de las Asambleas de Dios de Estados Unidos y, en 1917, registraron su ministerio en Sudáfrica bajo el nombre «Asambleas de Dios», aunque no por petición de las oficinas de misiones de Estados Unidos. Durante años, la obra de dichas Asambleas de Dios siguió creciendo, aunque con una relación con la misión estadounidense poco definida. Esto resultó en una iglesia nacional más independiente y dispuesta a experimentar con estilos de trabajo y gobierno no sancionados ni importados desde los Estados Unidos, aunque sí dispuesta a recibir y colaborar con los misioneros que llegaban desde allá.

Para 1936, existía una iglesia nacional de las Asambleas de Dios mayormente de raza negra con pocos miembros blancos, aunque liderada por misioneros blancos ingleses e irlandeses. Con el tiempo, surgieron dos líderes que dirigirían a la iglesia asambleísta sudafricana hacia un liderazgo apostólico y no tipo presbiteriano, el común de las Asambleas de Dios alrededor del mundo.

Nicolás Benghú (1909-1985) nació en Zululand y en su juventud fue gremialista y miembro del Partido Comunista. Se convirtió en una campaña evangelística a los veintiún años de edad, y en poco tiempo se embarcó en un ministerio evangelístico que alcanzaría a muchos millares de personas durante los siguientes cincuenta años.

107 Dr. Mathew, Clark, «The History and development of pentecostalism in Southern Africa», publicación digital en la web http://www.apts.edu/caps/Occasional%20 lecture/series03/. Búsqueda realizada el 10 de febrero de 2004.

El irlandés James Mullan (1901-1987) fue convertido en Belfast en 1923 y viajó al Congo como misionero en 1925. En 1930 regresó a Inglaterra, donde convirtió a su hermano Fred y además, encontró esposa. Para 1932, ambos hermanos se encontraron sirviendo al Señor en Sudáfrica, donde se unieron a las Asambleas de Dios.

En 1945, Benghú y Mullan sumaron fuerzas para formar una alianza de sus dos ministerios de evangelismo y plantación de iglesias. Fueron eminentemente exitosos, realizaron grandes campañas evangelísticas y plantaron numerosas congregaciones. Pronto descubrieron que compartían una visión común sobre el gobierno eclesiástico, diferente al estilo presbiteriano que imperaba en las Asambleas de Dios.

Entre 1945 y 1959, Benghú estableció más de cincuenta iglesias nuevas. Alcanzó a tener tanta reputación internacional que fue mencionado en la revista *Time* del 23 de diciembre de 1959. Y una vez le llegó sin problema una carta que iba dirigida simplemente así: «El predicador negro, Sudáfrica».[108]

Basados en Efesios 4:11, Mullan y Benghú consideraron que la forma correcta de hacer la obra de Dios era que cada uno como apóstol fuese el fundador y supervisor personal de su propia red de iglesias. El acuerdo mutuo fue que Benghú sería el apóstol a los negros de Sudáfrica y Mullan, a los blancos. Cada iglesia formada reconocería a quienes servirían como ancianos en la congregación. Los apóstoles Benghú y Mullan formarían a la vez equipos de profetas, evangelistas, pastores y maestros para servir a las congregaciones en dichas capacidades, y en representación del apóstol fundador. En una situación típica, un equipo podría estar en una determinada iglesia unos tres meses, y luego, el apóstol cambiaría al pastor, o al maestro, o a cualquiera de los ministros, según su visión de la obra y en respuesta a las inquietudes de los ancianos locales.

Este sistema provocó grandes cambios como también divisiones en las Asambleas de Dios en aquel país. Después de la salida de algunas congregaciones y misioneros extranjeros, la organización nacional quedó esencialmente dividida en dos bloques: uno compuesto de iglesias que se regían bajo el antiguo sistema de distritos y secciones con

---

108 Malcolm Harris, «History of the Coastal Assemblies of God», publicación digital en la web http://www.caog.org.za/hist.asp. Búsqueda realizada el 10 de febrero de 2004.

sus respectivos superintendentes y presbíteros, y el otro compuesto de iglesias miembros de las dos grandes redes apostólicas.[109] De manera interesante, las iglesias de las redes apostólicas eran racialmente segregadas, mientras que en las del sistema asambleísta tradicional, racialmente integradas.

Con el tiempo, se llegó a ver las ventajas y desventajas del sistema apostólico. Por un lado, las iglesias de las redes apostólicas gozaban de un fervor extraordinario y un sentido de identidad especial. Los ancianos de cada congregación ejercían funciones importantes. Las congregaciones compartían lazos unos con otros tanto fraternales como prácticos y conocían los ministerios de los mismos pastores, profetas, evangelistas y maestros.

El tiempo también acusó varios problemas con las iglesias de las redes apostólicas. En primer lugar, como señalamos antes, eran totalmente segregadas en el ámbito racial. Hubo instancias cuando algunos jóvenes negros expresaron deseos de tener un pastor blanco, pero no se les escuchó. La resistencia de los apóstoles a la existencia de institutos bíblicos limitó las capacidades y la formación bíblica de sus equipos ministeriales. Con el pasar del tiempo llegaron a existir iglesias fundadas por personas enviadas por el apóstol, que durante muchos años no gozaron de la visita personal del apóstol, ya que la red era muy grande.

El problema más grande que enfrentaron las iglesias de aquellas redes fue el asunto de la sucesión apostólica. Ni Mullan ni Benghú lograron encontrar un sucesor personal lo suficiente capaz y respetado como para tomar su lugar. En 1971, Mullan nombró a cinco «apóstoles potenciales», a los que entregó el cuidado de la red de iglesias que había fundado. Pronto uno abandonó la tarea por no considerarse apóstol y otro dejó las Asambleas de Dios. Los tres sucesores de Mullan restantes, Mike Attlee, John Bond (el superintendente nacional) y Noel Scheepers, continuaron unidos en colaboración apostólica por diez años, hasta que en 1981 se produjo el quiebre definitivo. Mike Attlee se retiró con James Mullan para continuar ministrando en una nueva organización, las «Asambleas de Dios Costales». La razón de su salida se debió a que John Bond, a pesar de continuar de acuerdo con el

---

109 John Bond ha servido como Superintendente General de la iglesia y a la vez como «Supervisor Apostólico» durante varios años.

liderazgo apostólico, comenzaba a dar lugar a la educación teológica formal y a no insistir en requisitos legalísticos de ropa y maquillaje que Mullan consideraba esenciales. Noel Scheepers también se separó para integrarse a otra organización.[110]

En el caso de Benghú pasó algo similar. Después del fallecimiento del apóstol negro en 1985, un grupo de líderes tuvo que tomar su lugar. En 1990, la red de iglesias de Benghú se separó de las Asambleas de Dios en Sudáfrica para formar el Movimiento de las Asambleas de Dios.[111] Así llegaron a existir cinco organizaciones diferentes de las Asambleas de Dios en ese país: las Asambleas de Dios en Sudáfrica (que combina sistemas de gobierno presbiteriano y apostólico), el Movimiento de las Asambleas de Dios (fruto del ministerio de Benghú), las Asambleas de Dios Costales (fruto del ministerio de Mullan), las Asambleas de Dios Internacionales (vinculados a la misión asambleísta estadounidense), y la Comunión de las Asambleas de Dios (iglesias autónomas, no apostólicas). En gran medida, estas divisiones se produjeron como resultado del fracaso del sistema de gobierno apostólico de mantener unida la obra, que se fue fragmentando en pos de diferentes líderes y sistemas de gobierno. Gracias a Dios, desde 2002, ha comenzado un proceso de reencuentro entre varios de estos grupos.

Un par de casos extremos en Latinoamérica

Dentro del fenómeno actual de docenas o hasta centenares de personas que han sido reconocidas por sí mismas o por otros como apóstoles, hay algunos casos que sobresalen por su condición extrema. Seguramente muchos que creen en el restauracionismo apostólico tienen dificultades en aceptar las aseveraciones de dos «apóstoles» latinoamericanos que hace poco elevaron sus perfiles más allá de todo criterio bíblico.

José Luís de Jesús Miranda

De origen puertorriqueño, es una figura sumamente controversial. En la página www.noticiascristianas.org se informa que «en

---

110 Harris, «History of the Coastal».
111 J. A. Millard, «Bhengu, Nicholas 1909 to 1985 Pentecostal South Africa», publicación digital en la web http://www.gospelcom.net/dacb/stories/southafrica/bhengu_nicholas.html. Búsqueda realiza el 10 de febrero de 2004.

1988 anunció ser la encarnación de apóstol Pablo, en el 2004 se proclamó Jesucristo el hombre y ahora en el 2007 se autodenomina: El Anticristo»[112]. Sus seguidores le consideran Dios, el hacedor de milagros que provee de forma milagrosa para sus vidas.[113] Uno de ellos, al escribir su testimonio para la Internet, le saluda de la siguiente manera: «Amado Apóstol y mi Padre de la fe, Jesucristo hombre, Doctor José Luís de Jesús Miranda, Dios con nosotros».[114]

Su teología es confusa, para decir lo menos. Afirma que el concepto del anticristo como una entidad satánica es incorrecto. Anticristo es él, Cristo regresado a la tierra, Cristo después de la cruz.[115] Muchos de sus adeptos se tatúan con los números «666» para mostrar su lealtad y devoción.

Samuel Joaquín Flores

Este otro personaje que afirma poseer una condición única como apóstol y mensajero de Dios es pastor de la Iglesia Luz del Mundo de Jalisco en México. La iglesia fue fundada por Eusebio Joaquín González, su padre, en 1926. Hoy cuenta con varios millones de miembros repartidos por todo el mundo. En la página de Internet oficial de esta iglesia se narra la historia de la siguiente manera: «La Iglesia de Jesucristo es única e indivisible; es eterna porque coexiste en el plan de Dios. Pero sobre la faz de la tierra, efectivamente, no hubo hombres que, conjuntamente, integraran un pueblo cuya identidad y sentido a sus vidas fueran los mandamientos del cristianismo. Este hecho —el no haber un pueblo elegido por Dios— duró, sin embargo, hasta el año de 1926. Para este año, el momento, el tiempo establecido por Dios para reestablecer los principios ordenados por Jesucristo hacía

---

112 «José Luís de Jesús Miranda dice ser el Anticristo», publicación digital en la web http://www.noticiascristianas.org/index.php?news=181. Búsqueda realiza el 15 de diciembre de 2007.

113 «Testimonios en Creciendo en Gracia», publicación digital en la web http://www.creciendoengracia.com/preguntas/testimonios/2008/test_ene_03_2008.html. Búsqueda realiza el 5 de enero de 2008.

114 Ibid.

115 John Zarella y Patrick Oppmann, «Pastor with 666 tattoo claims to be divine», publicación digital en la web http://www.cnn.com/2007/US/02/16/miami.preacher/index.html. Búsqueda realizada el 15 de noviembre de 2007.

años había llegado. Y como en otras ocasiones, fueron necesarias las dos variables determinantes y determinadas por Dios para poder llevar a cabo sus propósitos; por un lado, la variable del tiempo y por otro, la existencia del hombre elegido por Dios para que cumpliera sus planes. La presencia, en 1926, del elegido y llamado por Dios para administrar los bienes espirituales y recibir los misterios de Dios, garantizaba la conformación de un grupo de creyentes cuyas características principales serían las mismas establecidas por Jesucristo hacía más de 1900 años. Así, la Iglesia tendría como fundamento y fundador al mismo Maestro de Nazareth un martes 6 de abril de 1926, en la ciudad de Monterrey, México, el año, mes y día establecido por Dios para dar inicio a la Restauración de la Primitiva Iglesia de Jesucristo, con el llamado de Dios al Apóstol de Jesucristo, Aarón Joaquín González. La dirección y trabajo del Apóstol de Jesucristo, Aarón Joaquín González, terminó el 9 de junio de 1964. A partir de ese momento, la dirección de la Iglesia queda en manos del Apóstol de Jesucristo, SAMUEL JOAQUÍN FLORES, hasta nuestros días».[116]

Aquí se puede apreciar que la Iglesia Luz del Mundo es un grupo restauracionista exclusivista extremo, similar a los mormones, pues aseguran que la iglesia cayó en absoluta apostasía hasta que llegó el gran restaurador, en este caso, el «apóstol» Aarón Joaquín González, seguido después de su muerte por su hijo, Samuel Joaquín. Los miembros de esta iglesia consideran a su apóstol actual, Samuel Joaquín Flores, como su salvador, y por tal razón le alaban, como rezan las letras de un himno que se canta en aquella iglesia: «Samuel Joaquín, Apóstol poderoso en palabra, él trae para la tierra perdón, y vida eterna, cual Cristo en Galilea … Todo el mundo ya se enteró de las nuevas de salvación, que solo Dios a usted le dio, las llaves de la gran mansión».[117]

---

116 «Historia», publicación digital en la web http://www.lldm.org/2007/historia.html. Búsqueda realizada el 10 de enero de 2008.

117 Becerra Ricardo y Reyes Luís C., «La luz del mundo», publicación digital en la web http://www.sectas.org/Articulos/luzdelmundo/laluz.htm. Búsqueda realizada el 10 de enero de 2008.

Algo interesante de los dos ejemplos de restauracionismo apostólico extremo mencionados aquí es que en ambos casos el apostolado restaurado es solo para el líder del movimiento en cuestión. Estos grupos no abogan por una restauración de muchos apóstoles, ni siquiera de doce, sino solo de uno, su líder, que a la vez es su «señor» y «salvador». En el caso mexicano, el apóstol actual Samuel Joaquín Flores no recibió su apostolado sino hasta después de la muerte de su padre.

Aunque son casos extremos, estos dos ejemplos advierten con claridad lo que puede pasar con el restauracionismo apostólico. El narcisismo propio del «apóstol» y el fanatismo de sus seguidores los aleja del cristianismo bíblico para convertirlos en otra secta más.

CONCLUSIONES EN RAZÓN DE LA CRÍTICA HISTÓRICA

La historia nos revela que el tema de la restauración de apóstoles en la iglesia no es nuevo, pues ya se ha intentado antes en diversos tiempos y lugares. También nos enseña que ese afán por un gobierno apostólico no fue el sentir de las iglesias de los siglos segundo y tercero, tampoco de los reformadores, sino que surgió en los albores de la era moderna.

En resumidas cuentas, podemos afirmar ciertas verdades que nos ayudarán a formar un juicio sobre la autenticidad y legitimidad de los «apóstoles» modernos:

1. No hay evidencia neotestamentaria de que los apóstoles escogidos por Cristo en el primer siglo dejaran en pie un sistema de sucesión apostólica en cuanto al oficio del apóstol, sino que enfatizaron la formación de ancianos y obispos que asumirían la obra dejada por ellos.

2. La evidencia de la patrística es que se dejó de usar el término «apóstol» para referirse a los grandes líderes de la iglesia contemporánea, lo que limitó el uso de dicho término para los apóstoles originales del primer siglo. Todos los padres postapostólicos concuerdan en que el ministerio de dirigir las iglesias había quedado en manos de los obispos, y eso no por usurpación sino por entrega de los apóstoles originales.

3. Los escritos de Ireneo, el Fragmento Muratoriano y otros testigos de la patrística dejan ver muy claro que los obispos del segundo y tercer siglo usaron el criterio de lo «apostólico»; es decir,

lo de los apóstoles del primer siglo, para distinguir lo canónico y verdadero de lo de menos valor o falso. De no haber existido aquella distinción, es imposible saber cómo hubiera sido el canon del Nuevo Testamento. De haberse continuado usando el título «apóstol» con los líderes del segundo y tercer siglo, quizá se hubieran admitido documentos extremadamente alegóricos como El Pastor de Hermas, o hasta literatura gnóstica. No hay cómo saberlo, pero sí se puede ver que todos los cristianos tenemos una deuda de gratitud a esas personas que supieron dónde fijar los límites en el reconocimiento de lo apostólico y canónico.

4. Los reformadores Lutero y Calvino no hicieron intento alguno para restaurar el oficio del apóstol, aunque sí reconocían la verdadera existencia de ministerios apostólicos dados a los pastores. Calvino reconoció la exclusividad del término «apóstol» como uno mejor usado para hablar acerca de los originales.

5. No puede existir duda de que la iglesia ha crecido a través de toda su historia gracias a los esfuerzos sacrificiales de grandes hombres y mujeres de Dios que predicaron el evangelio tanto en su tierra como en lugares lejanos, plantaron iglesias, formaron discípulos de Cristo y dejaron un cuerpo de literatura teológica de gran valor: todas cosas que se podrían clasificar como «ministerios apostólicos» por la semejanza que guardan con las acciones de los apóstoles del primer siglo. Sin embargo, la historia revela que estas personas no tomaban para sí ni recibían de otros el título de «apóstol» sino que operaban como obispos, evangelistas, maestros, pastores y misioneros. La falta del título «apóstol» no parece haber impedido sus logros. La afirmación de Wagner de que la iglesia ha sido hasta ahora como un automóvil conducido siempre en reversa no tiene mérito. Por otro lado, los pocos que históricamente sí tomaban para sí o recibían de otros el título de «apóstol» tuvieron la tendencia de dejar un legado de problemas, incluyendo a veces su propia separación de la verdadera iglesia de Cristo. A pesar de todos sus argumentos, los afanes e intentos por lograr la restauración del oficio del apóstol en tiempo de Mani, y luego a partir del siglo dieciocho y hasta el siglo veinte, se han caracterizado mayormente por el afán de poder (p.e.

Brigham Young, Iglesia Católica y Apostólica), el afán de lucro (p.e. Van Leyden, Dowie), y por graves errores doctrinales (p.e. Mormones, Iglesia Católica y Apostólica, y La Nueva Orden de la Lluvia Tardía).

6. El caso sudafricano ha sido hasta ahora (con base a los casos estudiados) quizá la mejor experiencia que se ha tenido con el gobierno apostólico. Hay que reconocer que los hermanos Mullan y Benghú compartían una definición de apóstol estricta como un plantador y supervisor de iglesias, algo distinto a la definición propuesta por Wagner y otros líderes del movimiento actual. No se atribuían a sí mismos la capacidad de recibir nuevas revelaciones, de impartir o activar dones espirituales, ni se consideraban sujetos a nadie salvo otros apóstoles. Ambos sirvieron muchos años con gusto bajo la supervisión del Superintendente General de las Asambleas de Dios en Sudáfrica, John Bond. Sin embargo, hubo también serios problemas con su sistema. No permitieron la existencia de institutos bíblicos, fomentaron diversas formas de legalismo, prolongaron la segregación racial en sus iglesias, nunca lograron superar la barrera de la transición generacional en la sucesión del mando sobre sus respectivas redes, y sus redes de iglesias eventualmente crearon más división que unidad en las Asambleas de Dios al irse independizando para crear sus propias organizaciones.

7. La historia muestra que se han hecho esfuerzos para restaurar apóstoles por diferentes motivos y de diferentes maneras. Por lo menos tres de estos sobresalen:

◦ El «apóstol restaurador, único en la tierra». Este es el tipo de restauracionismo apostólico en que un solo individuo autocrático reclama el apostolado para sí y nadie más. Usualmente reclama ser la reaparición de algún personaje bíblico como Elías, Pablo, o Jesús mismo, y haber refundado la iglesia. Enseña que la única iglesia legítima en la tierra es la de él y que sus miembros son los únicos salvos. Este fenómeno comenzó con Mani de Persia, hasta cierto punto fue el caso de John Alexander Dowie, y persiste hoy en personas como Samuel Joaquín Flores.

‹‹‹ El «quórum o grupo de doce apóstoles, únicos en la tierra». Esta versión del restauracionismo apostólico suele darse cuando hay un líder extraordinario que se cree algo superior a un apóstol, y que nombra a un grupo de doce apóstoles para ser los que anuncian su venida al mundo y a colaborar en la dirección de la iglesia restaurada. Este fue el caso de los anabaptistas de Münster (aunque allí el número fue mayor que doce), los mormones bajo José Smith, la iglesia fundada por Sidney Rigdon después de su expulsión de los mormones, y otros grupos descendientes de los Santos del Último Día.

‹‹‹ El restauracionismo apostólico tipo «cada uno con lo suyo». Esta es la versión libre, donde casi cualquier persona puede declararse o hacerse declarar como «apóstol». Es la forma de restauracionismo que mayormente se comenta en esta investigación. A pesar de los esfuerzos de Wagner y otros para establecer criterios con el fin de seleccionar apóstoles, la verdad es que hoy andan «apóstoles» por todas partes, y solo Dios sabe quiénes son y de dónde vienen.

Por tanto, el restauracionismo apostólico actual serviría de mucho si aprendiera las lecciones que le puede enseñar la historia.

Capítulo tres

¿QUÉ DICE LA BIBLIA?

«Un texto no puede significar lo que nunca significó».
(GORDON FEE)

$\mathcal{E}$ l restauracionismo apostólico apela a varios pasajes de la Biblia para apoyar y legitimizar sus afirmaciones. En este capítulo estudiaremos los que más usan para lograr este fin y para saber cómo los interpretan. Procuraremos en cada caso exegetizar brevemente el pasaje en cuestión para evaluar así sus interpretaciones.

HECHOS 3:19-21

Como mencionamos en el capítulo uno, Hechos 3:19-21 es uno de los pasajes preferidos por casi todos los grupos restauracionistas. Por lo tanto, su interpretación correcta es absolutamente esencial. En la versión *Reina Valera de 1960*, el texto dice: «Así que, arrepentíos y convertíos, para que sean borrados vuestros pecados; para que vengan de la presencia del Señor tiempos de refrigerio, y él envíe a Jesucristo, que os fue antes anunciado; a quien de cierto es necesario que el cielo reciba hasta los tiempos de la restauración de todas las cosas, de que habló Dios por boca de sus santos profetas que han sido desde tiempo antiguo».

Casi todos los libros que defienden esta corriente citan el pasaje anterior. Afirman que la «restauración de todas las cosas» se refiere a la restauración de la iglesia antes de la Segunda Venida de Cristo. Tal restauración incluiría el oficio del apóstol, que funcionaría plenamente, tal como fue durante el primer siglo. También se dice que dicha restauración es el prerequisito necesario para que Cristo pueda regresar a la tierra. Prácticamente todos los maestros de este movimiento coinciden en eso. David Cannistraci lo expresa de la siguiente manera: «Dios prometió que antes de la segunda venida de Cristo vendría una restauración —un volver las cosas a su lugar— dentro de la iglesia. "A quien de cierto es necesario que el cielo reciba hasta los tiempos de la restauración de todas las cosas, de que habló Dios por boca de sus santos profetas que han sido desde tiempo antiguo" (Hechos 3:21) … Queda un oficio aún para ser restaurado en la misma medida que han sido otros ministerios, y creo que es el eslabón perdido en la cadena de la restauración: Necesitamos que el oficio del apóstol sea manifestado en su plenitud».[1]

Bill Hamon enfatiza que Cristo no puede volver a la tierra hasta que la iglesia restaure los apóstoles a su lugar: «Jesús no puede regresar para trasladar a su Iglesia hasta que esta obtenga y cumpla todo lo que las escrituras proféticas declaran. Esto no se cumplirá sino hasta la última década de la iglesia mortal. Los apóstoles cumplen un papel vital para la Iglesia (Hechos 3:19-25) … Jesús quiere volver a la Tierra y reunirse con su Esposa / La Iglesia. Dios quiere enviar a Jesucristo a la Tierra por segunda vez … pero no puede, porque Él está retenido, impedido, sujeto en el reino celestial hasta que ciertas cosas acontezcan en la Tierra en su Iglesia (Hechos 3:19-21)».[2]

Earl Paulk se adelantó a ellos al escribir en 1985 lo siguiente: «Jesús no puede regresar hasta que se restablezca el ministerio apostólico. Ahora estamos en el período de los profetas. Dios hoy está levantado profetas quienes están bajo la unción de Dios, pero el período del ministerio apostólico también pronto volverá. Solo entonces podrá volver Jesús».[3]

La interpretación común que hacen los maestros de esta corriente es que Hechos 3:21 en esencia dice: «Cristo está en el cielo y no volverá, no puede volver a la tierra hasta que la iglesia le obedezca y, con su ayuda, "restaure todas las cosas", incluyendo, sobre todo en este tiempo, el oficio del apóstol». Lo que queda por verse es si dicha interpretación resiste el escrutinio exegético.

---

1 David Cannistraci, *The Gift of Apostle*, p. 18.
2 Hamon, *Apostles and Prophets*, p. 104.
3 Earl Paulk, *Held in the Heavens Until…*, Dimension Publishers, Atlanta, GA, EE.UU., 1985, p. 228.

Antes de seguir, conviene repasar algo fundamental acerca de la interpretación bíblica. Gordon Fee afirma: «La exégesis es el estudio cuidadoso y sistemático de la Escritura para descubrir el significado original propuesto. Es el intento de oír la Palabra como debieran haberla oído los destinatarios originales, para hallar la intención original de las palabras de la Biblia ... Un texto no puede significar lo que nunca significó».[4]

Las preguntas que necesitamos hacer con relación a Hechos 3:19-21 son: ¿qué fue lo que Pedro quiso decir? y ¿qué fue lo que comprendieron los oyentes originales? Las respuestas se pueden hallar fácilmente mediante un repaso del contexto histórico y un estudio gramatical del pasaje.

Pedro dijo estas palabras poco tiempo después del día de Pentecostés, cuando él y Juan habían ido al templo a la hora de la oración para encontrarse con el cojo en la puerta la Hermosa. Después de la sanidad milagrosa del lisiado, una gran multitud se reunió y Pedro pronunció un sermón. Los oyentes eran judíos, y Pedro les anunció que Cristo, al que ellos habían crucificado, era el verdadero Mesías esperado, el que en cumplimiento de las profecías había sufrido. Les anunció que aún tenían oportunidad de salvación si se arrepentían y se convertían, y también que Cristo volverá. El énfasis del apóstol fue que todas esas verdades acerca de Cristo eran cumplimientos de las profecías hebreas mesiánicas (cf. Hch 3:13-14,18,20-22,24).

La expresión clave para nuestra consideración es «la restauración de todas las cosas». Igual que todos los otros argumentos que había usado en su mensaje, Pedro ligó esto a las profecías mesiánicas: «De que habló Dios por boca de sus santos profetas que han sido desde tiempo antiguo». Se trataría entonces de una restauración que ya había sido profetizada. Sin embargo, habría que preguntar cuándo profetizaron los profetas del tiempo antiguo acerca de la restauración de apóstoles a la iglesia cristiana. La respuesta correcta es «nunca».

Al usar estas palabras, el apóstol se dirigía a sus compatriotas judíos en un lenguaje que sí comprendían, no en clave ni en *sensus pleniur*,[5] comprensible solo para cristianos del siglo veintiuno. En

---

4   Gordon Fee, *La lectura eficaz de la Biblia*, Vida, Miami, FL, EE.UU., 1985, pp. 17,23.

5   Un *sensus plenior* es «otro sentido distinto, más hondo, que estaba en la mente de Dios, y que, sin contradecir el primero, lo trasciende» (Jose M. Martinez, *Herme-*

este sentido, les estaba diciendo: primero, Cristo es efectivamente el Mesías; segundo, que se fue al cielo; y tercero, pero que volverá pronto y con su reino mesiánico esperado, en el cual se efectuará la «restauración de todas las cosas», o sea, se quitará la maldición de la tierra, las armas serán convertidas en herramientas agrícolas, etc., y se cumplirán todas las esperanzas de Israel que los profetas antiguos habían anunciado (cf. Is 11:1-9; Os 14:4-7; Am 9:11-15; Mi 4:1-4; 5:4; 7:8-20; Sof 3:8-20; Zac 14:1-20).

A sus oyentes judíos no cristianos de Jerusalén no les preocupaba «la restauración de la iglesia»; Pedro tampoco estaba pensando en eso. La iglesia se acababa de fundar y no necesitaba ninguna restauración.

Si a un judío del año 30 se le hablaba de «la restauración de todas las cosas de que Dios habló por boca de sus santos profetas», ¿en qué pensaría? Pues bien, en el «día de Jehová», en el siglo venidero, en el reino mesiánico, en el tiempo cuando Dios mismo intervendrá en la historia y, como resultado, Israel será enaltecida entre las naciones, y los gentiles buscarán a los judíos para honrarles y aprender de ellos (cf. Mi 4:2; Zac 8:22-23). Y si ese es el tema del cual Pedro hablaba y el que sus oyentes comprendían, también debemos interpretar el pasaje como tal, sin cambiarle el sentido. Esta es igualmente la interpretación que prefiere la gran mayoría de los comentaristas y teólogos evangélicos. Por ejemplo, Berkhof dice: «La enérgica expresión "restauración de todas las cosas" es demasiado fuerte para referirse a cosa alguna que no sea la perfecta restauración de aquel estado de cosas que existió antes de la caída del mundo».[6]

Pedro no estaba pensando: «Ay, aunque la iglesia se acaba de fundar hace un par de semanas, parece que en el futuro caerá en dificultades, dejará de tener apóstoles, y eso será un impedimento para que Cristo vuelva, así que les anunciaré a estos judíos que deben ocuparse en convertirse y en restaurar la iglesia caída, para que Cristo pueda volver». Eso es impensable, pero es precisamente la interpretación de los restauracionistas Hamon, Wagner, Eckhardt y otros más.

---

néutica Bíblica, CLIE, Terrassa, España, 1984, p. 26). Los *sensus pleniur* auténticos se reconocen, igual que los *tipos*, por su identificación clara en los textos del Nuevo Testamento. Por ejemplo, Oseas 11:1: «De Egipto llamé a mi hijo»; se refiere en contexto al éxodo bajo Moisés. Mateo, sin embargo, lo aplica al regreso de José, María y Jesús (cf. Mt 2:15).

6   Luís Berkhof, *Teología sistemática*, Tell, Jenison, MI, EE.UU., 1998, p. 843.

Pedro no pensaba en la restauración de la iglesia, y es ilógico deducir que se refería a eso. La iglesia estaba nueva, fresca, poderosa, con señales y milagros que acontecían cada día. Para él, lo que necesitaba restauración no era la iglesia sino el mundo, el cosmos, la creación, «todas las cosas» (*panton*). Tampoco mandaba a aquellos judíos a realizar por su cuenta la «restauración de todas las cosas», sino anunciaba que pronto vendría Uno que sí lo podría hacer.

Por lo tanto, no podemos decir hoy: «Bueno, pero ahora la iglesia sí necesita restauración, así que parece que eso es lo que Pedro en verdad quiso decir, o lo que debió decir, o lo que el texto significa para estos tiempos, una "verdad presente" o "palabra rhema"». Si tenemos licencia para adaptar el sentido de un pasaje para conformarlo a nuestros ideales actuales, no podemos negar el mismo derecho a los mormones, Testigos de Jehová, y otros que con aquella misma herramienta «tuercen» las Escrituras. Hay que recordar las palabras axiomáticas de Fee: «Un texto no puede significar lo que nunca significó».

Ahora bien, consideremos algunas palabras clave del pasaje que muestran el error de interpretación en que caen los de la restauración apostólica.

Dexasthai («recibir»). Este vocablo no significa «retener», «atrapar», «encarcelar» ni cosa similar. Cristo no está en el cielo en calidad de prisionero esperando a que la iglesia encuentre la llave. *Dexasthai* aparece solo en otros dos puntos del Nuevo Testamento: 2 Corintios 6:1: «Y como colaboradores con El, también os exhortamos a no recibir la gracia de Dios en vano», y Mateo 11:14: «Y si queréis aceptarlo, él es Elías, el que había de venir». En ambos casos la palabra expresa la idea de la recepción de buena voluntad de algo. No hay nada de cárceles en aquellos pasajes. No es algo impuesto, forzado ni atrapado sino algo que se recibe porque se quiere hacerlo. En otras palabras, el cielo con gusto recibió a Cristo para que esté allí hasta que el Padre determine que es su hora de regresar a la tierra. La expresión no implica para nada que Cristo está «retenido», «atrapado», «impedido» o algo por el estilo.

Apokatastaseos («restauración»). Esta palabra aparece una sola vez en el Nuevo Testamento, en Hechos 3:21, y no ocurre nunca en la

Septuaginta. El uso temprano por los griegos era para significar restitución o restauración o retorno de cosas a sus lugares o condiciones originales.[7] Según Kittel, esta palabra en Hechos también se debe entender como «establecimiento», y el pasaje se puede perfectamente traducir así: «Hasta el tiempo del establecimiento de todas las cosas que Dios había hablado». Kittel comenta sobre Hechos 3:21 lo siguiente: «Gramaticalmente, *"on"* ([cosas], que) no puede ser relacionado con *chronon* sino solamente con *panton*. Esto significa que *panton* solamente puede ser neutro y no masculino. También significa que *apocatástasis* no puede decir relación con la conversión de personas sino solamente con la restitución o establecimiento de cosas. Estas son restauradas, es decir, devueltas a la integridad de la creación, mientras la promesa es establecida o cumplida».[8]

En otras palabras, según Kittel, la expresión «restauración de todas las cosas» tiene que ver con el regreso de la tierra a sus condiciones edénicas, libre de la maldición producida por el pecado de Adán. Y eso no será hecho por la iglesia ni consiste en la supuesta «restauración de la iglesia» sino que es la obra de Cristo, que al venir otra vez a la tierra, levantará la maldición que pesa sobre la creación.

Para concluir estas observaciones sobre Hechos 3:21, hago referencia al comentario de Hechos por F. F. Bruce, que dice: «La palabra griega traducida "restauración" (v. 21) *apocatástasis*, debiera quizás ser entendida como "cumplimiento" o "establecimiento": el sentido entonces sería "hasta los tiempos para el establecimiento de todo lo que Dios ha hablado por la boca de sus santos profetas" ... La *apocatástasis* aquí parece ser idéntica a la *paliggenesia* (regeneración) de Mateo 19:28. Pero no se excluye la idea de restauración, la inauguración final de la nueva era es acompañada de una renovación de toda la naturaleza (ver Ro 8:18-23)».[9]

Bruce, además, nos apunta a un pasaje que se relaciona con el anterior, Mateo 19:28: «Y Jesús les dijo: De cierto os digo que en la regeneración, cuando el Hijo del Hombre se siente en el trono de su gloria, vosotros que me habéis seguido también os sentaréis sobre doce

---

7   Se usaba también en astronomía para hablar de los ciclos planetarios y estelares.

8   Gerhard Kittel, *Theological Dictionary of the New Testament*, I vols, «apocatástasis», Zondervan, Grand Rapids, MI, EE.UU., 1964, p. 391.

9   F.F. Bruce, *Commentary on the Book of Acts*, Eerdmans Publishing Co., Grand Rapids, MI, EE.UU., 1986, p. 91

tronos, para juzgar a las doce tribus de Israel» (RVR 1960). Aquí Cristo habla de algo que llama «la regeneración». Lo describe como el tiempo cuando él se sentará en su trono de gloria, y los doce apóstoles juzgarán a las doce tribus de Israel. Según Bruce, es la misma cosa que «la restauración de todas las cosas».

Panton («todas las cosas»). Esta palabra es de gran importancia en el pasaje, ya que dificulta en extremo la interpretación que hacen los de la restauración apostólica cuando lo limitan al tema de la restauración de apóstoles a la iglesia.

Panta, pas y sus variaciones es una de las expresiones más frecuentes del Nuevo Testamento, pues aparece mil doscientas veintiocho veces. Kittel comenta que la razón es por la intensa preocupación de los escritores apostólicos para mostrar la universalidad del amor de Dios y lo absoluto de su soberanía sobre todas las cosas. La fe cristiana no compartía la cosmovisión dualista gnóstica o las confusiones griegas sobre los orígenes del mundo, y era importante proclamar el reino de Dios sobre «todas las cosas».

1 Corintios 8:6 es un buen ejemplo del uso de *panta* en el Nuevo Testamento: «Sin embargo, para nosotros hay un solo Dios, el Padre, de quien proceden todas las cosas y nosotros somos para El; y un Señor, Jesucristo, por quien son todas las cosas y por medio del cual existimos nosotros». Esta palabra aquí se refiere a la absoluta totalidad de la creación, de la cual el Padre y Jesucristo son el Creador.

Otros pasajes que afirman la misma idea son Romanos 9:5: «De quienes son los patriarcas, y de quienes, según la carne, procede el Cristo, el cual está sobre todas las cosas, Dios bendito por los siglos. Amén»; Juan 1:3: «Todas las cosas fueron hechas por medio de El, y sin El nada de lo que ha sido hecho, fue hecho»; y Colosenses 1:15-20: «El es la imagen del Dios invisible, el primogénito de toda creación. Porque en El fueron creadas todas las cosas, tanto en los cielos como en la tierra, visibles e invisibles; ya sean tronos o dominios o poderes o autoridades; todo ha sido creado por medio de El y para El. Y El es antes de todas las cosas, y en El todas las cosas permanecen. El es también cabeza del cuerpo que es la iglesia; y El es el principio, el primogénito de entre los muertos, a fin de que El tenga en todo la primacía. Porque agradó al Padre que en El habitara toda la plenitud, y por medio de El reconciliar todas las cosas consigo, habiendo hecho la paz por medio de la sangre de su cruz, por medio de El, repito, ya sean las que están en la tierra o las que están en los cielos».

Panta, por lo tanto, es una palabra de gran sentido y peso teológico, que se tiene que tomar muy en cuenta. Se usa reiteradas veces para describir la totalidad de lo creado. Así es como se debe entender en Hechos 3:21. Habla de la restauración de «todas las cosas», no de una sola cosa: «la iglesia» o «los apóstoles». No debemos hacer una exégesis donde convenientemente reducimos el sentido de *panta* a lo que preferimos en el momento, como «restaurar la iglesia» o «restaurar los apóstoles» o «restaurar la vida comunitaria», etc. *Panta* significa «todas las cosas»; es decir, la misma creación.

Por otra parte, Colosenses deja ver bien que esta restauración es posible por la paz que Cristo logró mediante la cruz. Por lo tanto, empezamos ya a participar de los frutos de su cruz, pues somos parte del *panta*. No obstante, la restauración total, absoluta del *panta* se logrará en su venida.

En conclusión, Hechos 3:21 no tiene nada que ver con la restauración de la iglesia ni del oficio del apóstol. Tampoco es una orden para que la iglesia tome dominio político, cultural, económico o social del mundo. Es la promesa del levantamiento de la maldición adánica sobre la creación que se producirá en la Segunda Venida de Cristo.[10]

---

10 Es importante introducir aquí un comentario sobre el texto de Mateo 17:11-13: «Y respondiendo El, dijo: Elías ciertamente viene, y restaurará todas las cosas; pero yo os digo que Elías ya vino y no lo reconocieron, sino que le hicieron todo lo que quisieron. Así también el Hijo del Hombre va a padecer *a manos* de ellos. Entonces los discípulos entendieron que les había hablado de Juan el Bautista». Este pasaje viene al final de la narración de la transfiguración de Jesús, cuando Pedro, Jacobo y Juan fueron privilegiados para verle en su gloria conversando con Moisés y Elías. Al bajar del monte, los discípulos le preguntaron: «¿Por qué, pues, dicen los escribas que Elías debe venir primero?» (Mt 17:10). Jesús les responde afirmando, a lo mejor de forma irónica, lo que efectivamente era la enseñanza de los escribas, que Elías vendría primero y restauraría todas las cosas. William Barclay comenta: «Elías no solamente vendría, sino que restauraría todas las cosas antes de la venida del Mesías ... haría que el mundo estuviera dispuesto para la llegada del Mesías. La idea era que Elías sería un reformador grande y terrible, que pasaría por el mundo destruyendo todo lo malo y enderezando todas las injusticias» (*Comentario al Nuevo Testamento*, 2 vols., «Mateo II», p. 194). Por otra parte, los rabinos habían elaborado una gran escatología sobre el papel de Elías en base de Malaquías 4:5-6. Jesús corrige esa apreciación de la profecía al señalar que Juan el Bautista

EFESIOS 2:20; 3:5; 4:11

Sin duda, juntamente con Hechos 3:21, estos pasajes de la carta de Pablo a los Efesios son los textos que más utilizan los maestros del restauracionismo apostólico. Efesios 4:11 es el texto que más se discute, donde se habla de «apóstoles, ... profetas ... evangelistas ... pastores y maestros». Los restauracionistas hablan mucho sobre el «ministerio quíntuple», y esbozan paradigmas de gobierno eclesiástico con base en aquellos ministerios. En la versión *Reina Valera de 1960*, estos pasajes, con sus contextos inmediatos, dicen:

> *Efesios 2:19-22: «Así que ya no sois extranjeros ni advenedizos, sino conciudadanos de los santos, y miembros de la familia de Dios, edificados sobre el fundamento de los apóstoles y profetas, siendo la principal piedra del ángulo Jesucristo mismo, en quien todo el edificio, bien coordinado, va creciendo para ser un templo santo en el Señor; en quien vosotros también sois juntamente edificados para morada de Dios en el Espíritu».*

> *Efesios 3:1-7: «Por esta causa yo Pablo, prisionero de Cristo Jesús por vosotros los gentiles; si es que habéis oído de la administración de la gracia de Dios que me fue dada para con vosotros; que por revelación me fue declarado el misterio, como antes lo he escrito brevemente, leyendo lo cual podéis entender cuál sea mi conocimiento en el misterio de Cristo, misterio que en otras generaciones no se dio a conocer a los hijos de los hombres, como ahora es revelado a sus santos apóstoles y profetas por el Espíritu: que los gentiles son coherederos y miembros del mismo cuerpo, y copartícipes de la pro-*

---

en efecto era su cumplimiento y no ese Elías resucitado guerrillero del cual hablaban los rabinos: «Elías ya vino». (Mt 17:12); pero aclara que su ministerio no había sido de caudillo, como tampoco lo sería el suyo entonces. La «restauración de todas las cosas» a que alude el pasaje, en caso de no ser una burla a la posición rabínica, es necesariamente la misma restauración que vendría con Cristo, iniciado en su muerte vicaria y culminada en su Segunda Venida a la tierra para reinar en gloria y majestad.

mesa en Cristo Jesús por medio del evangelio, del cual yo fui hecho ministro por el don de la gracia de Dios que me ha sido dado según la operación de su poder».

Efesios 4:1-16: «Yo pues, preso en el Señor, os ruego que andéis como es digno de la vocación con que fuisteis llamados, con toda humildad y mansedumbre, soportándoos con paciencia los unos a los otros en amor, solícitos en guardar la unidad del Espíritu en el vínculo de la paz; un cuerpo, y un Espíritu, como fuisteis también llamados en una misma esperanza de vuestra vocación; un Señor, una fe, un bautismo, un Dios y Padre de todos, el cual es sobre todos, y por todos, y en todos. Pero a cada uno de nosotros fue dada la gracia conforme a la medida del don de Cristo. Por lo cual dice: Subiendo a lo alto, llevó cautiva la cautividad, y dio dones a los hombres. Y eso de que subió, ¿qué es, sino que también había descendido primero a las partes más bajas de la tierra? El que descendió, es el mismo que también subió por encima de todos los cielos para llenarlo todo. Y él mismo constituyó a unos, apóstoles; a otros, profetas; a otros, evangelistas; a otros, pastores y maestros, a fin de perfeccionar a los santos para la obra del ministerio, para la edificación del cuerpo de Cristo, hasta que todos lleguemos a la unidad de la fe y del conocimiento del Hijo de Dios, a un varón perfecto, a la medida de la estatura de la plenitud de Cristo; para que ya no seamos niños fluctuantes, llevados por doquiera de todo viento de doctrina, por estratagema de hombres que para engañar emplean con astucia las artimañas del error, sino que siguiendo la verdad en amor, crezcamos en todo en aquel que es la cabeza, esto es, Cristo, de quien todo el cuerpo, bien concertado y unido entre sí por todas las coyunturas que se ayudan mutuamente, según la actividad propia de cada miembro, recibe su crecimiento para ir edificándose en amor».

De los tres pasajes antes citados, Efesios 4:11 es el más mencionado por los restauracionistas. Sin embargo, como señala George Wood: «Efesios 4:11-13 debe ser comprendido dentro del contexto de la carta en sí».[11] O sea, el sentido del vocablo «apóstoles» que se usa en Efesios 4:11 debe comprenderse según el sentido que el autor estableció en Efesios 2:20 y 3:5.

Es importante considerar algunas realidades básicas sobre esta carta antes de examinar los pasajes en cuestión. No hay evidencia clara que esta epístola fuera dirigida exclusivamente a la iglesia de la ciudad de Éfeso; más bien pudo haber sido una carta-circular destinada a varias congregaciones de gentiles de Asia Menor. Ramón Carpenter, profesor de la Facultad de Teología de las Asambleas de Dios de América Latina, señala que una clave para la interpretación correcta de Efesios es entender que cuando Pablo habla de «nosotros», mayormente se refiere a los judíos, de los cuales él era uno, y cuando habla de «vosotros», se refiere a los creyentes gentiles.[12] Tomando este criterio, es fácil reconocer que la finalidad del libro fue introducir a los creyentes gentiles a la realidad del pueblo de Dios al que ahora pertenecían. Los tres pasajes en consideración son de aquella perspectiva: Pablo habla a los creyentes gentiles sobre la naturaleza de la familia de Dios a la cual han ingresado.

Efesios 2:20

En este pasaje, Pablo les dice que son «miembros de la familia de Dios, edificados sobre el fundamento de los apóstoles y profetas, siendo la principal piedra del ángulo Jesucristo mismo» (Ef 2:19-20 RVR 1960). Aquí, el apóstol declara el rol fundacional que habían jugado los apóstoles y profetas en el establecimiento de la iglesia. No obstante, es necesario comparar esta declaración con una expresión similar en 1 Corintios 3:10-11: «Conforme a la gracia de Dios que me fue dada, yo, como sabio arquitecto, puse el fundamento, y otro edifica sobre él. Pero cada uno tenga cuidado cómo edifica encima. Pues nadie puede poner otro fundamento que el que ya está puesto, el cual es Jesucris-

---

11 George Wood, *Apostleship in the Church Today*, alocución dada a superintendentes y secretarios distritales y presidentes de universidades el 5 de diciembre de 2000, p. 10. Apuntes no publicados.

12 Ramón Carpenter, *Apuntes de neumatología exegética*, Facultad de Teología, Asunción, Paraguay, junio de 2003. Apunten no publicados.

to». Según el mismo, nace la pregunta si los dos pasajes hablan de la misma cosa. En 1 Corintios se dice que el fundamento es Jesucristo; en Efesios, los apóstoles y profetas. Entonces, ¿por qué esa diferencia? ¿En qué discrepan los textos?

La diferencia clave es que en 1 Corintios, Pablo habla sobre la fundación puntual de una iglesia local, la de Corinto; en Efesios, en cambio, habla sobre la fundación de la iglesia, el cuerpo universal de Cristo. En 1 Corintios habla sobre la fundación puntual, ocasional e histórica de la iglesia en Corinto, donde había obrado como fundador, y Apolos, Cefas y otros colaboradores después de él habían también trabajado o tenido influencia en dicho lugar, cosa que eventualmente resultó en la triste formación de diferentes «partidos» o «sectas» en la congregación (cf. 1 Co 1:12). En este caso, Pablo se identificó como el fundador original de dicha iglesia, y a la vez reconoció la igualmente importante labor que los otros habían realizado después. Esta idea aparece en su expresión: «Yo planté, Apolos regó, pero Dios ha dado el crecimiento. Así que ni el que planta ni el que riega es algo, sino Dios que da el crecimiento. Ahora bien, el que planta y el que riega son una misma cosa, pero cada uno recibirá su propia recompensa conforme a su propia labor. Porque nosotros somos colaboradores de Dios, y vosotros sois labranza de Dios, edificio de Dios» (1 Co 3:6-9).

Pablo no consideraba aquí el papel que había jugado en la historia la iglesia en Corinto como de mayor importancia que el de los otros colaboradores. Afirmó que todos eran «una misma cosa» y que eso es en verdad nada («ni el que planta es algo»). No pretendía tampoco usar su condición de apóstol y fundador para atribuirse gran autoridad sobre aquella iglesia. Lo importante, reitera él, es la calidad del fundamento puesto, Cristo (no la persona del apóstol o ministro fundador de la obra local), que diferente al resto del edificio que ha de ser juzgado y evaluado es intocable e irremplazable; y la acción de Dios, la que da el crecimiento.

Primera de Corintios nos enseña que cuando pensamos en la plantación de iglesias locales, no debemos asumir que deben tener un apóstol como su fundamento ni necesariamente como su fundador. El fundamento es Cristo mismo. La cualidad más importante del fundador es que sea sabio para colocar ese fundamento y no otro. Otra observación importante de esta carta es que al decir «colaboradores de Dios», Pablo no decía que él y Dios eran «socios». No, los colaboradores en este contexto son Pablo y Apolos («el que planta y el que riega»). Dios no es uno de los colaboradores, un socio de Pablo, sino el dueño de la labranza, al que los colaboradores, la labranza y el edificio pertenecen (1 Co 3:9). Además, nada hay que sugiera que Pablo pretendía ejercer algún tipo de «gobierno apostólico» autoritario sobre aquella iglesia. En ningún lugar del Nuevo Testamento se declara que Apolos era también un apóstol, pues no fue testigo de la resurrección de Cristo. Sin embargo, Pablo no se estima como superior a, o mejor que él, sino que le llama su «colaborador». Declara que ambos eran «una misma cosa».

En Efesios 2:20, por otro lado, no se está hablando sobre la ocasión puntual de la fundación de la iglesia en Éfeso sino del inicio de la iglesia universal. Los gentiles creyentes en Cristo, sin importar en qué ciudad se encontraban, eran miembros de la iglesia que había sido fundada sobre los apóstoles y profetas, pero con Cristo mismo como la principal cabeza del ángulo. Por tanto, la conclusión no es que cada iglesia local de entonces en adelante debía ser fundada por un «equipo apostólico-profético» conformado por un apóstol y un profeta, sino que la iglesia de Cristo ha recibido su fundación inicial y única por acciones que cumplieron los apóstoles y profetas del primer siglo, cosa ya hecha una vez, y que no necesitará ser repetida jamás.

F. F. Bruce comenta sobre el pasaje: «La expresión "el fundamento de los apóstoles y profetas", ¿significa el fundamento colocado por los apóstoles y profetas o son los apóstoles y profetas mismos el fundamento? En otro lugar, Pablo dice: "nadie puede poner otro fundamento que el que ya está puesto, el cual es Jesucristo" (1 Co 3:11), pero aquí la relación de Cristo al edificio se expresa mediante otra figura (la principal piedra del ángulo), y la referencia es probablemente a los apóstoles y profetas de la primera generación cristiana como los dones de ascensión del Señor ascendido, para la Iglesia (cf. Ef 3:5; 4:11; 1 Co 12:48)».[13] John R. Stott hace la siguiente interpretación del pasaje: «Ya que tanto apóstoles como profetas cumplían un rol de enseñanza, me parece claro que lo que constituye el fundamento de la Iglesia no es su persona ni su oficio, sino su enseñanza. Más aun,

---

13 F. F. Bruce, *The Epistles to the Colossians, to Philemon, and to the Ephesians,* Eerdmans, Grand Rapids, MI, EE.UU., 1984, p. 307.

debemos pensar en ellos como maestros inspirados, órganos de revelación divina, portadores de autoridad divina. La palabra "apóstoles" usada aquí no puede ser un término genérico para misioneros, plantadores de iglesias, obispos, o líderes eclesiásticos, sino debe señalar ese grupo pequeño y especial escogido por Jesús, llamados y autorizados para enseñar en su nombre, y quienes fueron testigos de su resurrección, consistente de los Doce más Pablo y Jacobo ... En términos prácticos, esto quiere decir que la Iglesia se fundamenta en las Escrituras del Nuevo Testamento ... El fundamento neotestamentario de la Iglesia es inviolable y no puede ser cambiado por adiciones, sustracciones o modificaciones ofrecidas por maestros que reclaman ser apóstoles o profetas hoy en día».[14]

Es un error decir que Efesios 2:20 tiene relación paradigmática con la plantación de iglesias locales de la actualidad. Ese pasaje tiene relación con la fundación inicial, histórica, única de la iglesia. La «iglesia» fue fundada sobre Cristo, la piedra angular y el fundamento de la predicación y el testimonio de la resurrección dada por los apóstoles, que fueron comisionados por Cristo. Sin embargo, las «iglesias» como expresiones locales de la iglesia o cuerpo de Cristo no requieren de la presencia personal de un apóstol en su fundación, pero sí deben ser fundadas sobre Cristo y la verdad de Cristo que los apóstoles enseñaron, para asegurar su legitimidad.

Efesios 3:5

Este pasaje ilumina más la apreciación de los apóstoles y profetas mencionados en esta carta, que cumplieron una obra singular, fundacional y revelacional para la iglesia. Allí, se dice que el misterio no dado a conocer a las generaciones anteriores «ha sido revelado a sus santos apóstoles y profetas por el Espíritu».

Los apóstoles y profetas fueron los receptores de la revelación de la gracia de Dios para todos los hombres, ya fueran judíos o gentiles. Esta revelación fue la gran causa y fuerza motriz del ministerio de Pablo (desde sus inicios en el ministerio en Antioquía, y durante el resto de su vida). Esta revelación fue una parte crucial del proceso fundamental de la iglesia: que no fuera una secta más entre los judíos sino

---

14 Stott, John R., *El mensaje de Efesios*, Intervarsity Press, Leicester, UK, 1979 (p. 107 del original en inglés).

QUÉ DICE LA BIBLIA?

la gran familia de Dios de toda raza, pueblo, lengua y nación. Esta fundación no necesita ser repetida por cada generación, pues es una verdad plenamente revelada y expresada en las Escrituras. Pablo tampoco siembra la idea de que cada generación futura deberá reconocer a sus apóstoles y profetas para seguir recibiendo más revelaciones. La gran revelación de la gracia global de Dios en Cristo había sido el misterio escondido a las generaciones anteriores, pero que ahora ya se conoce.

Por lo tanto, es con esta percepción paulina de los apóstoles y profetas en su condición de haber sido participantes en los procesos fundacionales y revelacionales claves para el establecimiento de la Iglesia que debemos entender lo dicho en Efesios 4:11.

Efesios 4:11
Cabe señalar aquí que las dos primeras citas ya consideradas (Ef 2:11; 3:5) pertenecen a la primera gran división del libro (Ef 1:15—3:21), que concierne oraciones y enseñanzas de Pablo para los gentiles acerca de su relación con Cristo y la familia de Dios. Esta es seguida por una segunda división principal (Ef 4:1—6:20), que contiene exhortaciones a los gentiles creyentes en virtud de las enseñanzas anteriores. Esta investigación reconoce la estructura de esta división de la siguiente manera:

Exhortaciones a los gentiles creyentes	**Efesios 4:1—6:20**
A. Sobre su andar en Cristo	**Efesios 4:1—5:20**
1. Andar en unidad	(Ef 4:1-16)
2. Andar no como los otros gentiles	(Ef 4:17-19)
3. Andar como nuevos hombres	(Ef 4:20-32)
4. Andar en amor	(Ef 5:1-7)
5. Andar como hijos de luz	(Ef 5:8-14)
6. Andar como sabios	(Ef 5:15-20)
B. Sobre sus relaciones humanas	**Efesios 5:21—6:9**
1. Entre maridos y mujeres	(Ef 5:21-33)
2. Entre padres e hijos	(Ef 6:1-4)
3. Entre siervos y amos	(Ef 6:5-9)
C. A vestir toda la armadura de Dios	**Efesios 6:10-20**

115

La exhortación de andar en unidad en Efesios 4:1-16 es parte de la subdivisión (cf. Ef 4:1—5:20). Esta porción trata de una serie de exhortaciones a los gentiles sobre su andar en Cristo. El vocablo «andar» [*peripatein*] es la palabra clave de la subdivisión (cf. Ef 4:1,17; 5:2,8,15).

Efesios 4:11 aparece entonces en un contexto que atañe a la necesidad de que los creyentes judíos y gentiles aprendan a andar en unidad. El contexto teológico en que esto se escribió era muy desafiante, ya que la perspectiva teológica judía siempre había sido nacionalista y exclusivista. Los gentiles eran vistos como seres absolutamente inferiores, indignos de cualquier consideración de parte de Dios. Los griegos, por su parte, también mantenían grandes prejuicios contra los judíos y otras razas consideradas como inferiores a ellos.

Pablo hace hincapié aquí en la unidad espiritual que Cristo envía a los mundos judío y gentil. Comparten una misma fe, un mismo Espíritu, un mismo bautismo. Declara que el Dios y Padre de los creyentes gentiles es el mismo que adoran los judíos; por eso dice «un solo Dios y Padre de todos» (v. 6; cf. Is 44:6-8). Además, declara que Dios trató con ambos pueblos y que derribó la pared divisoria.

El conjunto de las riquezas del pasaje se puede expresar como «unidad con diversidad». El gran tema del pasaje es que aunque los creyentes están unidos en un solo Espíritu y comparten una misma fe, a la vez existe una gran diversidad de dones y funciones en el cuerpo. Podemos resumir estas ideas en tres bloques. En primer lugar está la afirmación de la unidad de los creyentes judíos y gentiles en la fe cristiana (cf. Ef 4:1-6): esta es la unidad del Espíritu, es el vínculo que une a todos los que comparten esta común fe en Cristo. En los versículos 4 al 6 destaca esta singularidad del cuerpo de Cristo y de la fe del evangelio con siete «un»: «*un* cuerpo, *un* Espíritu, *una* esperanza, *un* Señor, *una* fe, *un* bautismo, *un* Dios y Padre». En segundo lugar, se destaca pluralidad y variedad al hablar de la diversidad de dones que Cristo ha dado a todos los miembros de su cuerpo («a cada uno»).

El propósito del pasaje no es definir la totalidad de dones del ministerio con cuatro o cinco palabras sino describir la variedad de dones que Cristo dejó para todo el cuerpo, y que comienza con los apóstoles y profetas. En los versículos 7 y 13, el énfasis está en la participación de todos los miembros en los dones de Cristo: «A *cada uno* de nosotros se nos ha concedido la gracia conforme a la medida del don de Cristo» (v. 7, *énfasis añadido*), «hasta que *todos* lleguemos a la unidad de la fe» (v. 13, *énfasis añadido*). Hay dones para «*cada uno* de nosotros». Los cinco dones nombrados en el versículo 11 son únicamente el comienzo de lo que podría haber sido una lista muy larga. Limitar o encasillar los dones ministeriales en una formula «quíntuple» violenta el sentido claro de la totalidad del pasaje. No debemos decir: «Hay cinco ministerios»; pues hay muchos más. Esto queda claro al examinar otros pasajes paralelos sobre las listas de dones ministeriales de 1 Corintios 12:28-30 y Romanos 12:6-8. Cristo ha dado dones para cada miembro de su cuerpo; ese es el punto principal del pasaje.

En tercer lugar, el pasaje afirma la necesidad del funcionamiento de los dones en el cuerpo y su crecimiento hacia la plenitud de Cristo. Es para que «ya no seamos niños fluctuantes, llevados por doquiera de todo viento de doctrina», y para que «crezcamos en todo en ... Cristo». Así, el escritor vuelve al tema de la unidad inicial.

Podemos resumir lo observado sobre Efesios 4:11 de la siguiente manera: el pasaje no enseña una limitación de ministerios a cinco. Los cinco mencionados son una muestra de toda la gracia que Dios otorgó para que cada miembro de su cuerpo cumpla su función. La expresión «apóstoles y profetas» se debe interpretar según el sentido dado en las partes previas de la epístola, es decir, en su roles fundacionales y revelacionales.

Esta investigación encuentra en esta lista de cinco ministerios no una fórmula para organizar el gobierno eclesiástico de toda iglesia local ni una definición de las alternativas de ministerio cristiano como limitadas a estas cuatro o cinco cosas sino más bien una expresión del orden en que Cristo estableció su iglesia y la hace funcionar. Los apóstoles y profetas cumplieron un papel revelacional y fundacional (cosa que Pablo ya había dicho en los capítulos dos y tres de Efesios). El fundamento que colocaron de la revelación de Cristo como Salvador del mundo, confirmado por su propio testimonio como quienes estuvieron con Jesús, es el fundamento único y eterno de la iglesia. Los evangelistas son quienes al edificar sobre aquel fundamento en todo tiempo comparten el evangelio con personas inconversas para llevarlas a Cristo y la iglesia. Los pastores-maestros son los que toman a los convertidos y los discipulan hasta que encuentren y realicen su debida función y ministerio en el cuerpo de Cristo. La meta es el perfeccionamiento de los santos para la obra del ministerio. George Wood lo expresa de la siguiente manera: «La palabra "apóstoles" ocurre dos veces en Efesios antes del versículo 4:11, y no más después de eso. El mirar a los usos previos del vocablo, establece el sentido en que apóstoles ha de ser interpretado en el 4:11 ... Ninguno de los dos pasajes [2:11; 3:5] guarda relación con el gobierno de la iglesia local. Se relacionan con el fundamento de la verdad que fue puesta por los apóstoles y los profetas, tal verdad reveladora de la inclusión de los gentiles como coherederos con Israel. Al aplicar el sentido de ambos pasajes a Efesios 4:11-13, el flujo natural es el siguiente: los apóstoles y profetas colocan el fundamento alrededor de la piedra angular, Jesucristo. Los evangelistas llaman al pueblo a creer en la verdad que ha sido expuesta por los apóstoles y profetas. Los pastores-maestros toman a las personas reunidas por los evangelistas y los maduran y equipan para el ministerio [la función del evangelista puede ser asumida por uno con un papel diferente, 2 Ti 4:5]. El uso de "apóstoles y profetas" en Efesios establece a estas funciones como pertenecientes a la puesta del fundamento de la Iglesia, la cual, en términos de doctrina, está enteramente hecha por medio de sus palabras escritas, es decir, el Nuevo Testamento. Las funciones apostólicas de plantar iglesias y las funciones proféticas de ánimo, corrección y consolación continúan, pero en ningún lugar del Nuevo Testamento quedan estas funciones instituidas como "oficios de la Iglesia". Hay que ver el resto del Nuevo Testamento para comprender cómo funciona la Iglesia en cuanto a gobierno».[15]

Efectivamente, al emplear el principio hermenéutico de la analogía de las Escrituras, no encontramos ningún caso concreto que ilustre la situación que los restauracionistas dicen que hubo y que debe volver a existir. No encontramos ninguna iglesia dirigida por un «equipo quíntuple». Ninguna epístola fue dirigida «al apóstol, profeta, evangelista, pastor, y maestro de la iglesia que está en...» La verdad es que los formatos de gobierno eclesiástico expresados en el Nuevo Testamento fueron evolucionando con el tiempo, y se adaptaron en cierta medida a las circunstancias culturales del lugar. Tal como mostramos antes, el gobierno eclesiástico del primer siglo era mayormente congregacional,

---

15 Wood, *Apostleship in the Church*, pp. 11-12.

con dirección dada por una colegiatura de ancianos, situación que hacia el final del siglo fue cambiando a un sistema de dirección más concentrada en la persona del obispo, como señalan las cartas pastorales, las juaninas, el Apocalipsis y la Patrística.

Hay que decirlo de nuevo para que quede claro: no existe ninguna evidencia que las iglesias neotestamentarias fueran gobernadas por apóstoles que encabezaban «equipos quíntuples» ministeriales en cada localidad. El restauracionismo apostólico ha creado toda una eclesiología con base en un solo versículo mal interpretado, y esa idea no corresponde ni con el resto de las Escrituras ni con la historia.

ZACARÍAS 4:11

Otro pasaje que aparece en la literatura de la restauración apostólica y que se comenta en sus seminarios es la visión de Zacarías del candelabro y las dos ramas de olivo (cf. Zac 4:1-14). En la visión, el profeta percibió que el aceite fluía desde las ramas hasta el candelabro. Cuando le preguntó al ángel qué era lo que le mostraba, este le dijo: «Esta es la palabra del Señor a Zorobabel: "No por el poder ni por la fuerza, sino por mi Espíritu", dice el Señor de los ejércitos. "¿Quién eres tú, oh gran monte? Ante Zorobabel, te convertirás en llanura; y él sacará la piedra clave entre aclamaciones de '¡Gracia, gracia a ella!'" Y vino a mí la palabra del Señor, diciendo: Las manos de Zorobabel han puesto los cimientos de esta casa, y sus manos la acabarán. Entonces sabréis que el Señor de los ejércitos me ha enviado a vosotros» (vv. 6-9). Al indagar Zacarías sobre la identidad de las dos ramas de olivo de donde brotaba el aceite, se le respondió: «Estos son los dos ungidos que están de pie junto al Señor de toda la tierra» (v. 14).

Es aparente por las palabras del ángel, por las otras visiones en el libro, y por el contexto y la ocasión del libro que esta y las demás visiones de Zacarías cumplen la función de animar y motivar a Zorobabel, el gobernador, y a Josué el sumo sacerdote ante el gran desafío de la reconstrucción de templo. En esta visión, se aprecia que ambos son considerados por Dios como sus «ungidos», los líderes que tendrían que hacer cumplir la obra. Carol Meyer comenta: «El lenguaje usado evoca la imagen del favor divino que será extendido hacia los que reedifican la casa de Dios y reestablezcan la estabilidad en la tierra ... El líder sacerdotal es puesto a la par con el administrador político, un arreglo permitido por las autoridades persas».[16] Merrill Unger expresa algo similar en su comentario sobre Zacarías: «Así como el candelabro de oro simboliza a Israel en plena comunión con Dios como una luz ante las naciones ... así los dos olivos representan los dos oficios del reinado y del sacerdocio, por los cuales fluiría la bendición de Dios ... Como los dos olivos representan al oficio real y sacerdotal en Israel, las dos ramas de olivo representan a los dos ocupantes de tales oficios en ese día, Zorobabel, el príncipe civil, destacado en el capítulo cuatro, y Josué, la cabeza eclesial, destacado en el capítulo tres».[17] Finalmente, tomemos en consideración las palabras de Charles Feinberg: «Se ha considerado a los dos ungidos como que se refieren al sistema mosaico y al de Cristo, o bien, a las dos naturalezas de Cristo, la humana y la divina. Pero la referencia debe ser a dos individuos ungidos y consagrados. Son Josué y Zorobabel en sus puestos oficiales como cauces de Dios, mediante quienes el Espíritu de Dios manifiesta su poder y su gracia a toda la nación».[18]

Sin embargo, al leer la literatura restauracionista, nos encontramos con la interpretación de que las dos ramas de olivo son los «apóstoles y profetas» de nuestro tiempo.

El «apóstol» peruano Samuel Arboleda, en una conferencia sobre apóstoles y profetas celebrada en Chile en 2001, declaró acerca de este pasaje: «Estas dos ramas de olivo son los dos ministerios apostólico y profético ... Son dos unciones poderosas, la del apóstol y la del profeta».[19] Cuatro años antes, Bill Hamon ya había escrito algo similar sobre la visión de los olivos: «Quisiera presentar otra posibilidad de los dos olivos siendo los apóstoles y profetas de los tiempos finales. Pueden ser una compañía de profetas y una compañía de apóstoles de pie a la mano derecha y a la mano izquierda de Cristo para colaborar con Él en traer a cabo la consumación del Siglo de la Iglesia Mortal de Jesucristo, y para ayudar a establecer el Reino de Dios en la tierra».[20]

16 Carol L. Meyers y Eric M. Meyers, *The Anchor Bible – Haggai, Zechariah*, Doubleday, Garden City, NY, EE.UU., 1987, pp. 258-259.

17 Merrill Unger, *Zechariah – Prophet of the Messianic Glory*, Zondervan, Grand Rapids, MI, EE.UU., 1963, p. 80.

18 Charles Feinberg, *Los profetas menores*, Editorial Vida, Miami, FL, EE.UU., 1989, p. 298.

19 Samuel Arboleda, *grabación del sermón predicado en el Centro de Estudios Teológicos*, Santiago, Chile, junio de 2001.

20 Hamon, *Apostles and Prophets*, p. 135.

En su deseo de comprobar esta interpretación, Hamon se extiende hacia otros pasajes donde hay mención de dos cosas para aplicarlas a los profetas y apóstoles que él ve en los dos olivos. Por ejemplo, vea lo que dice acerca de Cantar de los Cantares 6:10,13: «¿Quién es ésta que se muestra como el alba, hermosa como la luna, esclarecida como el sol, imponente como ejércitos en orden? Vuélvete, vuélvete, oh sulamita; vuélvete, vuélvete, y te miraremos. ¿Qué veréis en la sulamita? Algo como la reunión de dos campamentos» (RVR 1960).

Al encontrarse con la expresión «dos campamentos», Hamon hace una interpretación extremadamente alegórica al decir: «Esto se puede aplicar a las dos compañías de apóstoles y profetas, quienes traerán revelación, aplicación y programa de tiempos a los santos del Ejército del Señor, para que se levanten y tomen el reino para Dios (Dn 7:18,27)».[21] Sin embargo, el *Nuevo comentario bíblico* aclara que el sentido del vocablo es «dos coros» o «como una danza de dos coros». Se podría parafrasear el pasaje como: «¿Qué tiene ella para que la miren como si fuera un espectáculo?»[22]

El manejo de Arboleda, Hamon y los demás maestros del restauracionismo apostólico de estos textos no es más que una interpretación alegórica hecha en afán, a fin de encontrar un aval bíblico, sin importar dónde o cómo se encuentre, para afianzar la postura restauracionista: que Cristo no puede volver a la tierra hasta que los modernos apóstoles contribuyan a la restauración de todas las cosas.

APOCALIPSIS 11:1-14

En este pasaje se hace referencia a los «dos testigos». La interpretación usual de los biblistas de la escuela futurista es que la visión concierne a sucesos que acontecerán en la Gran Tribulación, más probablemente durante el último período de tres años y medio. Se trataría de dos personas que Dios levantará en aquel tiempo y que vendrán en el poder y espíritu de Moisés y Elías para anunciar y ejecutar juicio divino contra el anticristo y sus seguidores.

---

21 Ibid.
22 Donald Guthrie, y J. A. Motyer, *Nuevo Comentario Bíblico*, Casa Bautista de Publicaciones, El Paso, TX, EE.UU., 1996, p. 440.

Para Samuel Arboleda, sin embargo, el pasaje no se relaciona con algo futuro sino pasado y presente. Los «dos testigos» del Apocalipsis serían los apóstoles y profetas que comenzaron la obra de la extensión del reino de Dios en el primer siglo, pero a partir del segundo siglo fueron muertos. No obstante, desde fines del siglo veinte han vuelto a vivir y siguen predicando.[23] En diciembre de 2001, Arboleda escribió una ponencia y la presentó ante el Presbiterio General de las Asambleas de Dios del Perú. A continuación, parte de la misma: «Los versículos 3 y 7 revelan que estos dos testigos ungidos tendrían una primera gran etapa de fuerte acción con la Iglesia, lo cual ya ocurrió entre el siglo I y II de nuestra era cristiana. Los versículos 8 al 10 indican que habría una gran etapa histórica (tres días y medio) en que estarían como cadáveres por el sistema religioso en el mundo. Esto ha sucedido desde el siglo III con la constantinización de la iglesia hasta finales del siglo XX. Pero después de esos tres días y medio, el Espíritu de Vida enviado por Dios les volvería a dar vida y hará que se levanten sobre sus pies. (v. 11). Literalmente, el texto de Apocalipsis 11 no habla de apóstoles y profetas, pero la revelación del misterio es clara. Se trata de los mismos dos ungidos que están delante del Señor de toda la tierra y se refiere a las dos unciones ministeriales del apóstol y del profeta. A partir de la década de los 80 ha empezado la restauración de los profetas y a partir de la década de los 90 ha empezado la restauración de los apóstoles. En el tercer milenio han comenzado a operar con mayor fuerza en los cinco continentes».[24]

¿En verdad creerá Arboleda que la Gran Tribulación lleva casi dos mil años? Esta clase de interpretación de Apocalipsis 11:1-14 no es más que una alegorización que conduce a una escatología muy confusa e inquietante. Aquí existe un abandono de los principios elementales de la hermenéutica sana.

Ahora bien, abundan otros ejemplos de interpretación alegórica de las sagradas Escrituras de parte de los voceros del restauracionismo apostólico.

---

23 Arboleda, *grabación,* junio de 2001.
24 Samuel Arboleda, «Apóstoles y profetas hoy», ponencia presentada al Presbiterio General de las Asambleas de Dios del Perú, Lima, Perú, 11 de diciembre de 2001, p. 2.

OTROS EJEMPLOS

Marcos 3:22: vino nuevo y odres viejos

John Eckhardt escribe: «El ministerio apostólico es el nuevo orden de ministerio para el derramamiento de nuevo vino. Las iglesias apostólicas son nuevos odres».[25]

Esta expresión sobre los odres se repite bastante en la literatura restauracionista. Wagner aclara que las denominaciones son los viejos odres, que hoy son obsoletos e insuficientes para recibir el vino nuevo de la revelación y el crecimiento que solo podrá ser contenido en el nuevo odre de las redes apostólicas. Vale la pena echar un vistazo al texto bíblico para ver si este uso es legítimo o si es alegórico. «Y los discípulos de Juan y los de los fariseos ayunaban; y vinieron, y le dijeron: ¿Por qué los discípulos de Juan y los de los fariseos ayunan, y tus discípulos no ayunan? Jesús les dijo: ¿Acaso pueden los que están de bodas ayunar mientras está con ellos el esposo? Entre tanto que tienen consigo al esposo, no pueden ayunar. Pero vendrán días cuando el esposo les será quitado, y entonces en aquellos días ayunarán. Nadie pone remiendo de paño nuevo en vestido viejo; de otra manera, el mismo remiendo nuevo tira de lo viejo, y se hace peor la rotura. Y nadie echa vino nuevo en odres viejos; de otra manera, el vino nuevo rompe los odres, y el vino se derrama, y los odres se pierden; pero el vino nuevo en odres nuevos se ha de echar» (Mr 2:18-22 RVR 1960; cf. Mt 9:14-17; Lc 5:33-39).

¿Estaba Cristo pensando en las diferencias entre gobierno denominacional y gobierno apostólico cuando dijo esto? Si la respuesta es no, ese no podría ser el significado original del pasaje, y difícilmente sería una aplicación legítima. El contexto de la palabra sobre los odres viejos y nuevos es una narración del género «narración de conflicto» (similar a la sección previa [Mr 2:13-17] y posterior [Mr 3:23-28]) a propósito de una crítica que hicieron los fariseos y discípulos de Juan contra los discípulos de Jesús en relación al ayuno.[26] Los fariseos y los discípulos de Juan estaban inmersos en las tradiciones y leyes judías. Juan, probablemente influenciado por los esenios, había vivido una

---

25 Eckhardt, *Liderazgo*, p. 30.
26 Robert A. Guelich, *Word Biblical Commentary: Mark 1 – 8:26*, Word Books, Dallas, TX, EE.UU., 1989, p. 107.

vida de mucho ascetismo y sus seguidores le imitaban. Los fariseos, por su lado, además de los tres ayunos nacionales anuales, lo hacían cada semana, los lunes y jueves. Los discípulos de Jesús, en cambio, no practicaban tantos ayunos. Jesús respondió a la crítica al mejor estilo rabínico, ya que les formuló de vuelta otra pregunta: «¿Acaso alguien ayuna mientras está en una fiesta de bodas, como invitado del novio?» Él aquí se vale de la misma metáfora que lo compara a un novio en una boda, y que había usado previamente el propio Juan el Bautista al declararse el «amigo del novio» (Jn 3:29). Eran palabras fuertes. Los ascetas no solían asistir a muchas fiestas, aunque sí conocían las costumbres y la respuesta correcta a la pregunta.

Con estas palabras, Cristo les anunciaba que era el Mesías. Los ascetas de Qumram ayunaban con su mirada hacia la venida del Mesías, pero Cristo les dice que ya no hay que hacerlo más, pues el Mesías ya está entre ellos, y a la vez les vaticina la naturaleza temporal de su venida, que sería marcada por su muerte («el esposo les será quitado» [v. 20]). Llegado ese día, entonces sí, sus discípulos ayunarán; era una expresión insólita y perturbadora, pues «quitar al esposo» no era parte de la ceremonia nupcial judía.

En seguida, Jesús pronunció dos parábolas: la primera, sobre el paño nuevo en el vestido viejo; y la segunda, sobre el vino nuevo en odres viejos. Con estas se marca el contraste en ambos casos a través del reiterado uso de los vocablos «viejo» y «nuevo». La conclusión es que simplemente son incompatibles. Lo nuevo no podrá ser puesto dentro de lo viejo. La celebración de los discípulos de Jesús nunca encontraría lugar entre las solemnidades de los fariseos y los ascetas. Peor aún, los legalistas judíos, representativos del vestido y los odres viejos, no aceptarían la presencia de la tela y el vino nuevo que era Cristo y su mensaje. Estas parábolas también vaticinan la muerte de Cristo. El día que el esposo sea quitado habla de la rotura del odre y del derramamiento del vino. El vino nuevo que los odres viejos no pueden contener es Cristo mismo, no el restauracionismo apostólico.

El sentido del dicho sobre el vino nuevo y los odres viejos se tiene que derivar del contexto en que el dicho se pronunció, no de los caprichos doctrinales que alguien pueda andar buscando cómo defender. La Biblia no es una simple colección de dichos proverbiales que cada cual entiende a su manera y aplica a la situación que estime conveniente. Sin embargo, tal es la apreciación de las Escrituras que interpretaciones alegóricas como estas acusan.

Hechos 15: los asistentes al concilio de Jerusalén

En su libro *Apostles and Prophets the Foundation of the Church*, Wagner declara que cree que en el concilio de Jerusalén de Hechos 15, probablemente estuvieron presentes muchos otros apóstoles además de Pablo, Bernabé y los doce. Así lo afirma: «Posiblemente estaba Matías, juntamente con Andrónico y Tito y Apolos y Epafrodito, y quien sabe cuántos más. Era un equipo de estrellas, un "dream team" apostólico».[27]

Sin embargo, en verdad es muy improbable que todos ellos hubieran estado en tal suceso, pues muchos aparecen en el texto sagrado en lugares y tiempos distantes de y posteriores al concilio de Jerusalén. Tal grado de especulación refleja un manejo muy caprichoso de las Escrituras.

Tómese, por ejemplo, el caso de Epafrodito. El concilio de Jerusalén se celebró en el año 49 d.C. Epafrodito, sin embargo, fue un joven que comenzó su ministerio como mensajero de la iglesia de Filipos, enviado a Pablo en Roma cerca del año 61 ó 62. Cuando se celebró el concilio de Jerusalén, ¡la iglesia en Filipos ni siquiera existía! En el año 49, Epafrodito quizá era un niño o un adolescente de cultura romana pagana idólatra, y para nada cristiano, mucho menos apóstol. También se puede observar que Apolos solo entró en escena durante el segundo viaje misionero, también después del concilio. Estas palabras de Wagner son únicamente una muestra más del grado de interpretación ligera, fantasiosa y poco seria a la que llegan los nuevos «apóstoles» para validar y legitimizar sus reclamos.

Mateo 20:16: los últimos serán los primeros

Para finalizar esta pequeña muestra de las maneras en que el restauracionismo apostólico maneja las Escrituras, nos referimos a la expresión «los últimos serán los primeros». En la literatura restauracionista se cita con frecuencia este pasaje y se le da el sentido de ser una profecía de la restauración de apóstoles a la iglesia al final de su era, justo antes de la Segunda Venida de Cristo. Dicen que quienes

---

27 Wagner, *Apostles and Prophets*, p. 47.

estaban al principio, los primeros (los apóstoles), reaparecerán al final, serán los postreros (los apóstoles restaurados).[28] No obstante, volvemos a preguntarnos si ese fue el sentido que tuvo en mente el evangelista escritor, o si esto se trata solo de otro alegorismo de parte de los restauracionistas.

La expresión «los primeros serán los últimos, y los últimos serán los primeros» aparece en una serie de narraciones donde Cristo confronta a los discípulos con los valores del reino y cómo estos se contraponen con los valores del mundo y del judaísmo imperantes en ese tiempo, y donde les anticipa la entrada de los gentiles al reino de Dios. Estas narraciones son: primero, el joven rico (cf. Mt 19:30, Mr 10:31); segundo, la parábola de los trabajadores del viñedo (cf. Mt 20:16); tercero, el encuentro de la madre de Jacobo y Juan con Jesús (cf. Mt 20:26-27); y cuarto, la enseñanza de la puerta angosta (cf. Lc 13:30).

En cada caso, Jesús muestra a sus discípulos, por un lado, el egoísmo y la pecaminosidad de los judíos y por otro, la medida de la gracia de Dios, que ahora ofrece su bondad a los «últimos», es decir, a los pobres, los humildes y los gentiles.

Nada en absoluto hay en los contextos de las narraciones que sugiera que el refrán era una profecía de la restauración de apóstoles a la iglesia del siglo veintiuno. Si no lo fue para los evangelistas escritores, tampoco lo puede ser para nosotros hoy.

CONCLUSIONES EN RAZÓN DE LA CRÍTICA HERMENÉUTICA

La evidencia indica de manera abrumadora que los defensores del restauracionismo apostólico no muestran mayor interés en el estudio serio, exegético y hermenéuticamente sano de las Escrituras. En vez de eso, están dispuestos a cometer toda suerte de eiségesis y alegorismo para darse la razón. Obviamente estas clases de fallas exegéticas son comunes entre ministros de toda clase, y no son patrimonio exclusivo de los individuos citados aquí. En la medida en que todos nos hemos superado al repasar viejos apuntes y bosquejos homiléticos, tenemos que reconocer que hemos cometido fallas similares y que las seguiremos cometiendo de vez en cuando, a pesar de nuestros mejores esfuerzos de «trazar bien la Palabra de verdad».

---

28 John Eckhardt, *Ministerio y unción*, Crusader Ministres, Chicago, IL, EE.UU., s.f., p. 1.

Sin embargo, ¿por qué entonces señalar aquí las faltas de estos hermanos? Pues bien, porque declaran que son apóstoles con una autoridad extraordinaria y un grado de comprensión e iluminación (por no decir revelación) de las Escrituras del «más alto nivel» que existe y que no debe ser cuestionado por cualquiera que no sea también apóstol. Los seguidores de los modernos apóstoles creen incondicionalmente toda palabra que dicen, y no se atreven a indagar sobre la corrección o falta de la misma en la manera que sus apóstoles exponen las Escrituras. Mientras el pueblo de Dios se deje impresionar por estos reclamos de «infalibilidad apostólica», estas interpretaciones alegóricas y falsas les hundirán en una aún mayor pobreza de su comprensión de la Palabra de Dios.

Capítulo cuatro

¿CÓMO SE AJUSTA A LA TEOLOGÍA?

> *«Nosotros los carismáticos no estamos adecuadamente comprometidos con el principio de que la Biblia es la única regla infalible de fe y conducta».*
>
> (D.R. McCONNELL, UNIVERSIDAD ORAL ROBERTS)

En último lugar conviene hacer una evaluación de las enseñanzas del restauracionismo apostólico en razón de la teología que expresan. Para el que escribe, no le cabe duda que los defensores de este movimiento por los general son hermanos cristianos, ortodoxos, trinitarios, muchos pentecostales, con una comprensión cabal del evangelio. Su teología en general es evangélica, conservadora, digna de respeto, admiración y gratitud. Sin embargo, el estudio de su literatura acusa varias áreas que ameritan una observación crítica: su concepto de la revelación (bibliología), su eclesiología (doctrina de la iglesia), su pneumatología (doctrina sobre el Espíritu Santo) y su escatología (doctrina sobre los tiempos finales). También haremos algunas breves observaciones sobre otras áreas doctrinales preocupantes.

EL ENFOQUE BIBLIOLÓGICO

Una lectura de la literatura de ese movimiento muestra que, salvo algunas expresiones, cree en una forma de revelación continua, es decir, no les basta conocer las Escrituras tal como aparecen en el canon bíblico en su sentido literal, interpretadas cuidadosamente y respetadas en su método gramático-histórico con sensibilidad a la iluminación del Espíritu, sino hay que buscar «revelación» afuera de la Biblia y en boca de los mismos «apóstoles restaurados».

En la práctica, estas «revelaciones» suelen ser interpretaciones alegóricas que no tienen nada que ver con la intención original del escritor o el sentido comprendido por los lectores originales, pero que sirven a los fines del «apóstol» moderno por ser llamativas y atrayentes. Tales «revelaciones» conforman lo que se llaman las «verdades presentes».

John Eckhardt no deja lugar para ninguna distinción entre la revelación bíblica neotestamentaria y la «revelación» que supuestamente reciben los apóstoles modernos: «El apóstol tiene la capacidad de traer revelación a la Iglesia en áreas donde hay ceguera e ignorancia espiritual ... El apóstol Pablo recibió y ministró en la revelación de una Iglesia conformada en ambos pueblos, judíos y gentiles. El apóstol Pedro recibió una revelación para afirmar que Jesucristo es el Hijo de Dios. El apóstol Juan ministró en la revelación del amor de Dios. Sin la revelación que viene a través del Apóstol, los santos no serán perfeccionados. Hay ciertas verdades que la Iglesia no recibirá sin el ministerio del Apóstol. La Iglesia es edificada sobre revelación (Mateo 16:18). La revelación es fundamental, y tanto apostólica como profética. Los apóstoles exponen una revelación que llega a ser el fundamento sobre el cual la Iglesia se edifica».[1]

Sus palabras dejan en evidencia la pobreza con que algunos restauracionistas contemplan al canon de las sagradas Escrituras. Para Eckhardt, las iglesias de hoy deben fundamentarse en las revelaciones llevadas por los «apóstoles» modernos. Nada hay en sus palabras que sugiera que la Biblia es en sí la totalidad de la revelación de Dios, la suprema fuente de verdad para la fe y conducta del cristiano. No, aparentemente, según él, en la vida de la iglesia, la Biblia es insuficiente sin las añadiduras o las exposiciones apostólicas modernas. Al decir: «Hay ciertas verdades que la Iglesia no recibirá sin el ministerio del Apóstol»; implica que las Escrituras inspiradas son insuficientes para la buena y sana conducción de la vida de la iglesia, pues hay más revelación que se necesita recibir. Coloca las «revelaciones» apostólicas modernas a la par con la revelación canónica del primer siglo.

El peligro de la apertura a las nuevas «revelaciones» también se puede apreciar en las palabras de otro defensor de esa corriente, Earl Paulk, que dice en *Unity of Faith*: «¿Cómo sería una reunión que junta-

---

1   Ibid.

ra a evangélicos liberales, tales como nosotros, teólogos conservadores, representados por grupos de santidad y Bautistas del Sur, y católicos, Adventistas del Séptimo Día, y miembros de la Iglesia de Jesucristo de los Santos de los Últimos Días? Muchos de estos grupos han llegado a ser tan distintos que casi los consideramos enemigos, en vez de hermanos y hermanas en la fe ... Mientras el mundo religioso siga actuando como actúa hoy, nunca habrá un Reino de Dios en realidad. Por mucho tiempo hemos dicho: "¿Por qué no cambian los Adventistas del Séptimo Día? ¿Por qué no cambian los mormones?" Quizás nosotros somos los que necesitamos cambiar ... Jamás seguiremos siendo estudiantes de la verdad si creemos que ya conocemos toda la verdad. Siempre debemos permanecer dispuestos para aprender más verdad y más revelación».[2]

El autor sugiere aquí que puede ser que los adventistas y los mormones sepan algo que nosotros los evangélicos necesitamos aprender. Sugiere que aun es posible que Dios tenga una nueva revelación para la iglesia que nos hará darnos cuenta de que todo este tiempo los mormones (a los que llama «hermanos en la fe») tenían razón en algún punto de su doctrina y que hoy la iglesia evangélica rechaza como herejía.

Es interesante que haya nombrado a los adventistas y mormones, ya que ambos grupos nacieron de los fervores restauracionistas del siglo diecinueve y reclaman además ser poseedores de revelación profética extrabíblica. Es triste que Paulk ignore los esfuerzos investigativos de tantos ministerios acerca de las verdades y errores que proponen los mormones y adventistas.

En 1988, en respuesta a las enseñanzas de los precursores del restauracionismo apostólico, los maestros de la «súper fe» y las «palabras rhema», el profesor D.R. McConnell de la Oral Roberts University hizo una sincera advertencia en su libro *A Different Gospel*, y que aún sigue muy vigente: «Desde su comienzo hasta el presente, el movimiento carismático independiente ha tenido una doctrina de revelación defectuosa. Nosotros los carismáticos no estamos adecuadamente comprometidos con el principio de que la Biblia es la única regla infalible de fe y conducta. La doctrina correcta puede venir desde solamente una fuente: la enseñanza apostólica tal como está expresada y preservada

---

2 Ibid.

en las Sagradas Escrituras. Los dones revelatorios del Espíritu —profecía, palabras de sabiduría y ciencia— pueden y deben tener su lugar en la Iglesia, pero estos dones nunca fueron intencionados para que llegasen a ser una fuente alternativa de doctrina, algo subversivo a la enseñanza del Señor Jesús y sus apóstoles. Hasta que lleguemos a estar seriamente comprometidos con el principio de que toda doctrina y práctica debe ser derivada de la hermenéuticamente sana exégesis de la Palabra de Dios, nuestro movimiento permanecerá vulnerable a un sin fin de reveladores proféticos y a sus extrañas enseñanzas».[3]

Los seguidores del restauracionismo apostólico se harían un gran favor si tomaran en serio este consejo.

EL ENFOQUE ECLESIOLÓGICO

Aunque ya hemos tratado mucho sobre la Iglesia desde una perspectiva histórica, vale la pena evaluar la enseñanza teológica que el restauracionismo apostólico entrega en cuanto a la iglesia y su misión, particularmente en virtud del papel que los apóstoles jugaban. Esta es quizá la evaluación teológica más importante que se le puede hacer a esta corriente, ya que es en la eclesiología donde más impacta este movimiento.

La eclesiología de esta corriente afirma, entre otras cosas, que: primero, hubo una debida sucesión de apóstoles diversos, además de Pablo y los doce, de diferentes tiempos y lugares; segundo, todas las iglesias fueron fundadas directa o indirectamente por un apóstol; y tercero, todas las iglesias eran gobernadas por apóstoles y gozaban de su «cobertura» como miembros de su «red». Por lo tanto, afirman ellos, las iglesias de la actualidad necesitan contar con estas mismas realidades.

De las tres afirmaciones señaladas, las últimas dos ya las tratamos en este libro. La idea de que todas las iglesias del primer siglo fueron fundadas por apóstoles simplemente no es cierta. Los mismos creyentes salieron predicando, también estableciendo iglesias, siguiendo el modelo establecido para la fundación de sinagogas judías, cosa que no requería la presencia de alguna autoridad externa.

La idea de las «redes apostólicas» creadas por apóstoles que van de iglesia en iglesia previamente establecida para ofrecer su «cobertura» es de lo más contrario al Nuevo Testamento. Las funciones apos-

---

3   D.R. McConnell, *A Different Gospel*, Hendrickson Publishers, Peabody, MA, EE.UU., 1988, p. 189.

tólicas fundamentales no eran pastorear ni gobernar a iglesias locales. Lo que les interesaba hacer como apóstoles enviados directamente por Jesucristo era plantar la iglesia en todo el mundo, colocar el fundamento del mensaje de Cristo y confirmar por su propio testimonio las señales y prodigios que Dios hacía para confirmar su mensaje. El gobierno de las iglesias locales quedaba en manos de otros.

Sin dudas, las directrices y los consejos apostólicos eran estimados de absoluta autoridad e importancia, pero conscientes de la naturaleza especial de su condición y ministerio, los apóstoles se concentraron en su papel fundacional y revelacional.

Lo que debemos examinar con cuidado es el asunto de la supuesta sucesión apostólica que los restauracionistas insisten existió, aunque brevemente, durante el primer siglo. Veamos lo que las Escrituras nos enseñan sobre quiénes en verdad eran considerados apóstoles en el Nuevo Testamento.

El apostolado de Cristo

En la Biblia, la palabra «apóstol» es usada en diferentes situaciones. En primer lugar, Cristo es llamado «el Apóstol y Sumo Sacerdote de nuestra fe» (He 3:1). El título «apóstol» es aplicable a Cristo en un sentido absolutamente único al ser el enviado del Padre para redimir a la humanidad.

Los doce

En segundo lugar están los doce, que con frecuencia hoy se les llama «los apóstoles de Cristo». Ellos fueron los discípulos escogidos por Jesús, vivieron y caminaron con él durante los tres años de su ministerio y fueron testigos presenciales de sus palabras, acciones y milagros y de su padecimiento, muerte, resurrección y ascensión.

Después del día de Pentecostés y la llegada del Espíritu Santo, estos fueron líderes en la iglesia de Jerusalén hasta que luego salieron para predicar el evangelio en otros lugares. La revelación que habían recibido de manera directa de Cristo, el mensaje de su evangelio y el testimonio personal de su resurrección constituyeron el fundamento de la fe cristiana para toda la iglesia.

Debido a la traición de Judas Iscariote, después de la resurrección y ascensión de Cristo y antes de la llegada del Espíritu Santo, los once apóstoles de Cristo reconocieron la importancia de volver a contar con doce miembros en su grupo. En Hechos 1:21-22, Pedro expresa el criterio que se tendría que emplear para tal efecto: «Por tanto, es necesario que de los hombres que nos han acompañado todo el tiempo que el Señor Jesús vivió entre nosotros, comenzando desde el bautismo de Juan, hasta el día en que de entre nosotros fue recibido arriba, uno sea constituido testigo con nosotros de su resurrección».

El factor sobresaliente que debía tener el suplente de los doce era haber sido un testigo de la resurrección de Cristo. Una vez realizada la inserción de Matías al número de apóstoles, se dieron todas las condiciones para el derramamiento del Espíritu Santo.

Los doce dieron sus vidas por la causa de Cristo, y llegaron a ocupar un lugar único en la iglesia y en la fe cristiana. Su importancia quedará registrada para la eternidad en los doce cimientos de la nueva Jerusalén (cf. Ap 21:14).

Los maestros del restauracionismo apostólico reconocen que aquellos apóstoles ocupan un lugar y cumplieron una función única.

Pablo y otros llamados «apóstoles»

En tercer lugar, se hace hincapié en que otras personas además de Pablo y los doce fueron llamados por una u otra razón «apóstoles»: por ejemplo, Epafrodito (cf. Fil 2:25) y Andrónico y Junias (cf. Ro 16:17). Estos son a menudo llamados los «apóstoles de las iglesias». Los defensores del restauracionismo apostólico siempre apuntan hacia ellos para afirmar la legítima continuidad del oficio del apóstol más allá del primer siglo y como necesario hoy.

Bill Hamon hace una lista de doce personas que, según él, fueron «apóstoles de las iglesias».[4] Allí incluye, por ejemplo, a Silas, Apolos, Bernabé, Epafrodito y Timoteo. Otro defensor de esta corriente, David Cannistraci, escribe lo siguiente: «Es evidente que los doce apóstoles ocupan un lugar único y autoritativo en el Reino. La existencia de otros apóstoles, además de los doce, es igualmente clara en el N.T. Pablo fue uno de ellos ... La confusión entre los doce apóstoles (quienes son únicos y cuya función está ya completa) y los otros apóstoles del Nuevo Testamento (cuyas funciones algunos estiman como completas, pero

---

4   Hamon, *Apostles and Prophets*, p. 5.

no es así) ha fortalecido el error de pensar que el oficio ha cesado».[5]

Sin embargo, hay que preguntarse si es más correcto agrupar a Pablo con personas como Epafrodito y Andrónico o con personas como Pedro y Juan. También hay que indagar bien sobre las otras personas que eran llamadas apóstoles, si verdaderamente eran llamados «apóstoles» en el sentido especial eclesiástico y cuáles eran sus condiciones y ministerios. Antes de considerar el caso especial de Pablo, veamos algunos de los otros casos de personas llamadas «apóstoles» en el Nuevo Testamento.

1. *Epafrodito*

Sabemos que fue un valeroso representante de la iglesia de Filipos (cf. Fil 2:25-30), enviado para ayudar a Pablo en su primer encarcelamiento en Roma. Sin embargo, no hay nada que indique que también fue testigo de la resurrección y gloria de Cristo, un gran predicador o un plantador de iglesias. Pablo les dice a los filipenses que Epafrodito era «su mensajero» [*humon apóstolos*]. La versión *Reina Valera de 1960*, al igual que todas las versiones modernas en español, traduce el griego «*apóstolos*» aquí como simple «mensajero». Allí se reconoce que Pablo empleaba el vocablo en su sentido genérico, no eclesiástico.

Como ya señalamos antes, el vocablo griego *apóstolos* no fue inventado por la iglesia sino que fue originalmente una palabra que significaba tan solo «uno enviado», sin ninguna atribución teológica o eclesiológica especial, que fue adoptada por la comunidad creyente para identificar a los enviados por Cristo.

La expresión de Pablo sobre Epafrodito se adapta muy bien con el significado genérico, común del vocablo. Epafrodito fue un mensajero, uno enviado por la iglesia en Filipos para ir a ayudar al apóstol encarcelado. Es cierto que fue un varón muy diligente que prestó un gran servicio a Pablo, pero nada más hay sobre su persona que amerite reconocerlo como apóstol en el sentido eclesiológico. Si Pablo quería identificarlo como apóstol en tal sentido, uno se pregunta entonces por qué nunca llamó a Timoteo «apóstol», ya que él hizo muchísimo más por la causa de Cristo, y también es mencionado en Filipenses 2.

---

5 Cannistraci, *The Gift of Apostle*, pp. 80-81.

La declaración «Apóstoles y Profetas» aprobada por el Presbiterio General de las Asambleas de Dios de Estados Unidos comenta lo siguiente sobre este mismo caso: «Los eruditos en ocasiones señalan que hay una distinción entre el "Apóstol de Cristo" y los "Apóstoles de las iglesias". Pablo habló, sin dar nombres, de "hermanos" que son "mensajeros (*apostoloi*) de las iglesias, y gloria de Cristo" (2 Corintios 8:23). Él también escribió a los filipenses de "Epafrodito ... vuestro mensajero, y ministrador de mis necesidades" (2:25). Estas referencias ofrecen amplia evidencia de que las primeras iglesias usaban en ocasiones la palabra *apóstol* para los que no habían sido testigos de la Resurrección. Sin embargo, la palabra que se usa en estos casos es en su sentido genérico de despachar representantes a una misión oficial en nombre del que los manda. Por esa razón, las traducciones al español de la Biblia normalmente traducen la palabra *apóstolos* en las dos ocasiones anteriores como "mensajero"».[6]

El presbiterio general deja ver con claridad que el vocablo *apóstolos* no siempre se usaba para identificar a uno enviado especialmente por Cristo para predicar su Palabra entre las naciones.

2. *Andrónico y Junias*
    En los casos de ellos también hay desafíos para lograr una buena comprensión de su rol. La única mención que se les hace es en Romanos 16:7. A pesar de muchas afirmaciones asertivas que hoy se hacen, el texto simplemente no deja ver con claridad si se trata de dos varones o de un varón y una mujer. Hay argumentos de peso en ambos lados del debate. El pasaje tampoco se presta ni facilita para afirmar que eran apóstoles, ni siquiera en el sentido más básico que se le quiera dar.

    En la versión *Reina Valera de 1960*, el texto de Romanos 16:7 dice: «Saludad a Andrónico y Junias, mis parientes y mis compañeros de prisiones los cuales son muy estimados entre los apóstoles, y que también fueron antes de mí en Cristo». La expresión «estimados entre los apóstoles» [*episemos en ho apóstolos*] puede entenderse como que eran «estimados como apóstoles» y tam-

---

6   Presbiterio General de las Asambleas de Dios de Estados Unidos, *Apóstoles y profetas*, declaración oficial adoptada el 6 de agosto de 2001, p. 9.

bién que eran «estimados por los apóstoles». Muchos comentaristas, así como los padres apostólicos, afirman que eran «estimados como apóstoles». Sin embargo, otros como Burer y Wallace afirman que el texto debe traducirse «estimados o bien conocidos por los apóstoles».[7] La versión *Reina Valera de 1989* traduce la expresión como «quienes son muy estimados por los apóstoles».

Pablo dice que ellos «fueron antes de mí en Cristo», y señala que llevaban más tiempo que él mismo en el conocimiento de Cristo. Al parecer, eran «parientes» [sungenes] o más quizá «compatriotas» (judíos o benjaminitas) que habían conocido el evangelio desde temprano. Lamentablemente, no se sabe más acerca de estas dos personas. Las Iglesias Católico-Romana y Ortodoxa griega afirman desde tiempos antiguos que Andrónico y Junias eran miembros de los setenta enviados por Cristo (cf. Lc 10:1) y que en su ministerio apostólico llevaron el evangelio a la región de Pannonia, la moderna Hungría. En caso de ser cierto esto, es fácil pensar que quizá también fueron testigos de la resurrección de Cristo.

3. *Bernabé*

Otro que es llamado «apóstol» fuera de Pablo y los doce es Bernabé, levita, natural de Chipre, que estuvo en la iglesia de Jerusalén desde sus principios (cf. Hch 4:36-37). Además, fue apartado por el Espíritu Santo junto con Pablo para la obra misionera (cf. Hch 13:2); y Lucas los llama «los apóstoles Bernabé y Pablo» (Hch 14:14). Según las tradiciones católicas, Bernabé también fue uno de los setenta enviados por Cristo (cf. Lc 10). En tal caso, también es muy probable que fuera testigo de la resurrección de Cristo.

Queda entonces evidencia que además de los doce y Pablo, Bernabé, y posiblemente Andrónico y Junias, fueron también llamados «apóstoles», pues participaron en el ministerio y quizá cumplían el requisito de haber sido testigos de la resurrección de Cristo.

---

7   Sam Storms, *Men and Women in Ministry: Was Junias a Female Apostle?*, publicación digital en la web http://www.enjoyinggodministries.com/article/men-and-women-in-ministry-was-junias-a-female-apostle. Búsqueda realizada el 10 de octubre de 2007.

4. Pablo

Su apostolado fue una cuestión de suma importancia. Como ningún otro escritor neotestamentario, de manera constante afirma y defiende su condición como «apóstol de Jesucristo». Sus epístolas a los Romanos, 1 Corintios, 2 Corintios, Gálatas, Efesios, Colosenses, 1 Timoteo, 2 Timoteo y Tito, todas comienzan con palabras de afirmación de ser apóstol. Casi siempre la afirmación va acompañada de algún calificativo adicional como «apartado para el evangelio», «por la voluntad Dios», «no de hombre ni por hombre, sino por Jesucristo» o «por mandato de Dios». Se preocupa de asegurar a sus lectores que su apostolado era auténtico, venido de Dios, no de algún hombre.

Además de aquellas salutaciones, Pablo reiteradas veces presenta en sus cartas otras evidencias y argumentos a favor de su apostolado. Al parecer, fue perseguido todo su ministerio por personas que le acusaban de ser un falso apóstol, uno que no cumplía las condiciones de ser llamado así en el sentido eclesiológico que la palabra había tomado entre las iglesias.

La polémica sobre la legitimidad de su apostolado parece haber radicado en si cumplía o no la condición de haber sido un testigo de la resurrección de Cristo. Ese requisito se había establecido cuando se buscó quien ocupara el lugar de Judas (cf. Hch 1:22). Reiteradas veces afirma también cumplir aquella condición. En 1 Corintios 9:1 pregunta: «¿No soy libre? ¿No soy apóstol? ¿No he visto a Jesús nuestro Señor?» Sin dudas, él consideraba su encuentro con Cristo en el camino a Damasco como un cumplimiento más, o mejor, el último cumplimiento que habría de tal condición.

La capacidad de decir «¡He visto a Jesús!» era fundamental en el mensaje apostólico. Los apóstoles eran personas que podían decir: «Lo que hemos oído, lo que hemos visto con nuestros ojos, lo que hemos contemplado, y palparon nuestras manos tocante al Verbo de vida ... eso os anunciamos» (1 Jn 1:1,3 RVR 1960); «A este Jesús resucitó Dios, de lo cual todos nosotros somos testigos» (Hch 2:32) y «Matasteis al Autor de la vida, a quien Dios ha resucitado de los muertos, de lo cual nosotros somos testigos» (Hch 3:15 RVR 1960).[8] Pablo quería que sus lectores entendie-

---

8   Véase también Hechos 4:33 RVR 1960: «Y con gran poder los apóstoles daban

ran que era uno que podía dar similar testimonio. Lucas registra que cuando Pablo predicaba, hacía hincapié en esto (cf. Hch 22:6-10; 26:12-18,23).

Al escribir a los corintios, entre los cuales algunos cuestionaban seriamente su apostolado, él presenta su enseñanza acerca de esa doctrina tan fundamental del cristianismo, la resurrección de Cristo. Al inicio de su exposición del tema en 1 Corintios 15:3-11, hace un repaso de quiénes fueron los que quedaron constituidos como testigos de la misma: «Porque yo os entregué en primer lugar lo mismo que recibí: que Cristo murió por nuestros pecados, conforme a las Escrituras; que fue sepultado y que resucitó al tercer día, conforme a las Escrituras; que se apareció a Cefas y después a los doce; luego se apareció a más de quinientos hermanos a la vez, la mayoría de los cuales viven aún, pero algunos ya duermen; después se apareció a Jacobo, luego a todos los apóstoles, y al último de todos, como a uno nacido fuera de tiempo, se me apareció también a mí. Porque yo soy el más insignificante de los apóstoles, que no soy digno de ser llamado apóstol, pues perseguí a la iglesia de Dios. Pero por la gracia de Dios soy lo que soy, y su gracia para conmigo no resultó vana; antes bien he trabajado mucho más que todos ellos, aunque no yo, sino la gracia de Dios en mí. Sin embargo, haya sido yo o ellos, así predicamos y así creísteis».

Pablo aquí describe a los que habían visto a Cristo resucitado, es decir, los que cumplían aquel requisito fundamental del apostolado. En primer lugar menciona a Pedro (cf. Lc 24:34); después, a los doce (cf. Lc 24:36; Jn 21:19). (Aunque en ese momento solo habían once discípulos de Cristo, los lectores de 1 Corintios ya comprendían el significado de la expresión «los doce» como referencia a ese grupo especial.) Sobre la aparición a más de quinientos, los evangelios no nos dan detalles. No existe ninguna evidencia ni tradición que todos esos espectadores asumieron un ministerio apostólico, pero es posible que entre ellos hubiera algunos que sí lo hicieron. Pablo continúa

---

testimonio de la resurrección del Señor Jesús»; Hechos 5:31-32 RVR 1960: «A éste, Dios ha exaltado con su diestra por Príncipe y Salvador, para dar a Israel arrepentimiento y perdón de pecados. Y nosotros somos testigos suyos de estas cosas»; también Hechos 10:39-41.

afirmando que Cristo fue visto por Jacobo, y después por «todos los apóstoles».

Gordon Fee opina que la expresión «todos los apóstoles» no se limita a los doce sino quizá a otros, quienes luego tendrían con base en aquella experiencia una función apostólica, aunque no el oficio de los doce: «Pero "los apóstoles", término que incluía a los doce, constituían un grupo mayor de personas que, según el entender de Pablo, habían visto al Señor resucitado y habían recibido de él el encargo de proclamar el evangelio y fundar iglesias. Ellos también tenían autoridad en las iglesias, especialmente en las que habían fundado, pero difícilmente formaban un "organismo" o fungían como "consejo". Su autoridad era de ministerio más que de jurisdicción».[9]

El apóstol luego termina la lista de los testigos de la resurrección al decir: «Y al último de todos, como a uno nacido fuera de tiempo, se me apareció también a mí». Con esto reitera que su encuentro con Cristo en el camino a Damasco no era una mera visión sino un encuentro real con Cristo resucitado. Admite que su inclusión en este ilustre grupo de testigos fue algo anormal, «como a uno nacido fuera de tiempo», algo fuera del tiempo normal. También dice que fue «al último de todos»; eso significa «finalmente», es decir, para finalizar esta lista; pero también significa que se consideraba el último en tener aquella gloriosa experiencia de ser un testigo de la resurrección de Cristo. En otras palabras, Pablo fue el último apóstol.

Los sucesores no apóstoles

A la luz de lo señalado antes, es interesante reconocer cuántos líderes y acompañantes de Pablo en su obra misionera que llegaron después no fueron llamados «apóstoles» en ningún lugar del Nuevo Testamento. Sin dudas, fueron grandes siervos del Señor, colaboradores de Pablo y otros apóstoles, que continuarían la labor de los apóstoles en el futuro. Sin embargo, nunca se les llama «apóstoles», comprensiblemente porque no fueron testigos de la resurrección de Cristo y, por ende, no recibieron tal título.

---

9 Gordon Fee, *Primera epístola a los Corintios,* Nueva Creación, Grand Rapids, MI, EE.UU., 1994, p. 828.

1. *Timoteo*

Él es un buen ejemplo de esto. No cabe duda que fue un tremendo siervo del Señor y fiel acompañante de Pablo. Hizo las obras «apostólicas» de enseñar, corregir, animar y demás que Pablo le comisionaba hacer (cf. 1 Co 16:10), pero nunca fue llamado «apóstol» en toda la literatura del Nuevo Testamento, pues conoció a Cristo mucho tiempo después de su resurrección y, por tanto, no podía cumplir esa función de dar un testimonio personal de haberle visto, cosa que Pablo sí hacía (cf. Hch 22:6-10; 26:12-18,23).

Antes mencionamos las nueve epístolas de Pablo, donde se presenta él como «un apóstol». Sin embargo, cuando comparte la autoría con Timoteo, o le escribe a Timoteo, la salutación es diferente: «Pablo, Silvano y Timoteo, a la iglesia de los tesalonicenses en Dios Padre y en el Señor Jesucristo» (1 Ts 1:1). Observe que no dice: «Pablo, Silvano y Timoteo, apóstoles de Jesucristo, etc.» Y hay más ejemplos: «Pablo, Silvano y Timoteo: A la iglesia de los tesalonicenses en Dios nuestro Padre y en el Señor Jesucristo» (2 Ts 1:1); «Pablo, apóstol de Jesucristo por la voluntad de Dios, y el hermano Timoteo» (Col 1:1). Aquí Pablo es «apóstol», pero Timoteo, «hermano». «Pablo, apóstol de Cristo Jesús por mandato de Dios nuestro Salvador, y de Cristo Jesús nuestra esperanza, a Timoteo, verdadero hijo en la fe» (1 Ti 1:1-2); «Pablo, apóstol de Cristo Jesús por la voluntad de Dios, según la promesa de vida en Cristo Jesús, a Timoteo, amado hijo» (2 Ti 1:1-2). En Romanos 16, donde aparecen Andrónico y Junias, también hay una mención de Timoteo: «Timoteo, mi colaborador, os saluda, y también Lucio, Jasón y Sosípater» (Ro 16:21). De nuevo, Timoteo no recibe título de «apóstol» sino de «colaborador». En Filipenses 2:19-30 aparece la notificación que Pablo les hace acerca de los viajes próximos de Timoteo y Epafrodito. Ahí Timoteo tampoco es llamado un «apóstol» sino que de él dice: «Como hijo a padre ha servido conmigo en el evangelio» (v. 22, RVR 1960). Luego, continúa presentando el caso de Epafrodito, «vuestro mensajero», que por angustia y añoro de su familia se había enfermado y necesitaba regresar a casa. Por lo tanto, es impensable que Pablo aquí rotule a Epafrodito como apóstol (en el sentido especial, cristiano), pero no tenga la misma gentileza con Timoteo. La verdad es que ninguno de los dos cumplía los requisitos de ser apóstol, es decir, porque no fueron testigos de la resurrección de Cristo. Sin embargo, en cuanto a compromiso, entrega y experiencia en el ministerio, evidentemente Timoteo tenía mucho, mucho más que Epafrodito.

2. *Silas*

También conocido como Silvano, fue un varón que apareció en la escena bíblica durante el concilio de Jerusalén. Cuando el concilio tomó sus decisiones finales sobre el asunto del reconocimiento de la conversión de gentiles no circuncidados, y se nombró un grupo de hombres que habrían de comunicar esta decisión a la iglesia de Antioquía, aparece el nombre de Silas. «Entonces pareció bien a los apóstoles y a los ancianos, con toda la iglesia, escoger de entre ellos algunos hombres para enviarlos a Antioquía con Pablo y Bernabé: A Judas, llamado Barsabás, y a Silas, hombres prominentes entre los hermanos» (Hch 15:22).

Silas no es nombrado aquí como apóstol sino como «hombre prominente entre los hermanos», juntamente con Judas (Barsabás). Al llegar a Antioquía con la carta enviada por los apóstoles y ancianos de Jerusalén, Silas y Judas se destacaron por su ministerio profético consolador (cf. Hch 15:32). Después de algún tiempo, Judas regresó a Jerusalén, pero Silas se quedó en Antioquía. Cuando Pablo comenzó su segundo viaje misionero, llevó consigo a Silas en lugar de Bernabé. Sobre la marcha se sumaron Timoteo y Lucas (cf. Hch 16:1,11). Silas fue un fiel y sacrificado compañero de ministerio de Pablo en toda esa jornada, sufrió encarcelamiento en Filipos y viajó con Timoteo para facilitar la comunicación entre Pablo y las iglesias nuevas. En ambas epístolas a los Tesalonicenses, Silas (Silvano) aparece junto a Pablo y Timoteo como coautor de las cartas. Después de Hechos 18:5, se pierde el rastro de Silas, pero reaparece muchos años mas tarde, en 1 Pedro 5:12, cuando Pedro lo nombra como el portador de su misiva: «Nuestro fiel hermano». De forma interesante, en ninguna de las menciones en Hechos ni en las salutaciones de las cartas a los Tesalonicenses, ni en 1 Pedro se le identifica como apóstol.

3. *Lucas*

Otro ejemplo de este mismo fenómeno es Lucas, gentil que se integró al equipo de Pablo al parecer en Troas durante el segundo viaje misionero. (El uso de «nosotros» comienza en Hechos 16:10.) Fue un fiel y esforzado compañero de Pablo durante muchos años. En Colosenses 4:14, Pablo le llama «el médico amado». En Filemón 24, Pablo llama a Marcos, Aristarco, Demas y Lucas sus «colaboradores».

Evidentemente, Lucas no fue testigo de la resurrección de Cristo ni fue llamado «apóstol» en ningún lugar del Nuevo Testamento.

4. *Tito*

Varón gentil que a pesar de no ser mencionado jamás en el libro de Hechos, aparece varias veces en las epístolas de Pablo. Ayudante y compañero de grandes cualidades, sobre todo en el manejo de situaciones difíciles como las de Corinto y Creta, conoció a Pablo en Antioquía y le acompañó a Jerusalén (cf. Gá 2:3), donde Pablo no permitió que se le circuncidase. Después de varios años, reaparece como uno enviado por Pablo a Corinto (cf. 2 Co 7:8,13; 8:6; 12:18). Hacia el final de la vida de Pablo, encontramos nuevamente a Tito en su servicio como su enviado a Creta (cf. Tito). Ahí, él tiene la desafiante tarea de confrontar a falsos maestros y colocar ancianos en las iglesias de acuerdo a las directrices de Pablo.

A pesar de toda esta confianza que Pablo tenía en Tito y las grandes responsabilidades que le encargó, jamás le llamó «el apóstol Tito». En 2 Corintios, siempre le llama simplemente «Tito». En la epístola que le dirige, le llama «Tito, verdadero hijo en la común fe» (Tit 1:4).

Podríamos seguir citando caso tras caso de personas que cumplieron con fidelidad sus ministerios durante el primer siglo, pero que jamás fueron llamados apóstoles. Esto no fue por falta de compromiso, fidelidad, capacidad o esfuerzo de su parte, sino por no cumplir el requisito esencial de ser testigo de la resurrección de Cristo. Epafras, Artemas, Tíquico, Priscila, Aquila, Apolos, Filemón, Gayo, y tantos más, ninguno es llamado «apóstol» en las Escrituras. Si es verdad lo que afirman los restauracionistas apostólicos: que Dios quería un siempre creciente número de apóstoles en la iglesia; uno se pregunta por qué no fueron todos estos nombrados como tal.

Si algún representante de dicha corriente actual pudiera viajar atrás en el tiempo, seguramente los nombraría o «ungiría» a todos apóstoles. Sin embargo, no fue así durante el primer siglo; a nadie se le ocurrió hacer semejante cosa. Imperaban otros criterios de lo que era en verdad un apóstol. Salvo del caso único de Matías, sucesor de Judas, no existe ninguna mención de alguien que sea reconocido como apóstol por otro apóstol.

Al considerar toda la evidencia bíblica sobre esta verdad, podemos comprender mejor los datos arrojados por el estudio histórico ya presentado antes. Con razón no se establecieron pautas para la selección de futuras generaciones de apóstoles. Con razón el Apocalipsis enseña que los efesios fueron prudentes al probar los falsos apóstoles que habían procurado entrar en su iglesia. Con razón Ignacio no se dejaba comparar con un apóstol. Con razón ninguno de los padres del segundo y tercer siglo se dejó llamar apóstol. Con razón el Fragmento Muratoriano afirma que la obra *El Pastor* de Hermas no era del tiempo de los apóstoles. Evidentemente la iglesia limitó el uso del sustantivo «apóstol» para los fundadores, testigos de la resurrección de Cristo.

No obstante, el problema con la teología del restauracionismo apostólico actual permanece. Insisten en que el oficio del apóstol es permanente, que fue dado para trascender aquella generación de testigos de la resurrección de Cristo. Es una pena que Pablo no supiera eso, pues se hubiera podido librar de tener que escribir tanto acerca de cómo operó eso en su caso. Además, podría haber «ungido apóstol» a Timoteo, Tito, Lucas, Epafras, y quizá cuántos más.

Lo más inquietante de las ambiciones de los «apóstoles» modernos, además del hecho que se consideren apóstoles a la par con los del primer siglo, es que afirman que su función es hacer labor fundacional y revelacional. Una lectura cuidadosa de la literatura de esta corriente manifestará que dos de las palabras que más usan son «fundación» y «revelación».

Este escepticismo contra la solidez del fundamento apostólico original: «La fe que de una vez para siempre fue entregada a los santos» (Jud 1:3); esta arrogancia de pensar que pueden repetir la obra de quienes fueron testigos directos de la vida, muerte y resurrección de Cristo es ofensivo para los que atesoramos aquel fundamento y revelación. La arrogancia de estos que van entre los ministros y dicen a cualquiera que deseen: «Yo te puedo ungir apóstol»; es desconocer en lo absoluto las verdades bíblicas sobre los apóstoles, cosa que con seguridad entristece al Espíritu.

EL ENFOQUE PNEUMATOLÓGICO

Otra área donde los «apóstoles» restaurados reclaman tener funciones especiales es el de los dones del Espíritu Santo. Se enseña que los «apóstoles» modernos son los que reparten o «imparten» los dones. Como ya vimos, esto no es más que una corriente teológica que permanece de La Nueva Orden de la Lluvia Tardía de 1949. La enseñanza es básicamente que Dios puso los dones espirituales en manos de los «apóstoles» restaurados. Estos tienen entonces el poder para «impartir» dones a quienes les impongan manos. En algunas versiones de la enseñanza, la función del «apóstol» moderno no es impartir el don sino «activarlo».

Esta corriente usa varios pasajes bíblicos para afirmar su creencia sobre la impartición de dones por sus manos. Aquí consideraremos algunos de estos, pero antes conviene ver en qué consistía la imposición de manos en tiempos bíblicos.

Desde momentos muy tempranos en la historia de Israel se usó la imposición de manos para una variedad de situaciones. La primera fue cuando José bendijo a Efraín y Manasés, los hijos de José (cf. Gn 48). En la ley de Moisés, se usaba la imposición de manos sobre los animales ofrendados para señalar la cualidad de substituto del animal ofrendado (cf. Lv 1:4). Según Levítico 24, los que fuesen testigos de un pecado de blasfemia debían poner sus manos sobre la cabeza del culpable al momento de su castigo (cf. v. 14). Moisés impuso también sus manos sobre Josué al transferirle el liderazgo (cf. Dt 34:9). En el Nuevo Testamento se destaca esta acción en la oración por los enfermos. Jesús con frecuencia sanaba tocando a los enfermos. Muchos confiaban en que si él llegaba a tocar a su enfermo, este sanaría (cf. Mr 5:23). No cabe duda que en el toque de Jesús había poder para sanar, pero él no siempre sanaba de esa forma. El hombre con más fe que Jesús llegó a conocer durante su ministerio terrenal fue un centurión romano, que no se consideró digno de recibir a Jesús en su casa y que afirmó que si él tan solo dijera la palabra, aunque desde lejos, su siervo sanaría; y así fue (cf. Lc 7:7).

El uso correcto de esta acción fue un tema importante para la iglesia del primer siglo. En Hebreos 6:1-2, se describe esta doctrina como uno de los rudimentos de la fe cristiana. Aparece en una lista de cosas fundamentales de la fe: el arrepentimiento de obras muertas, la fe en Dios, la doctrina de bautismos, la imposición de manos, la resurrección de los muertos y el juicio eterno. Evidentemente, allí hay tres grupos con dos elementos afines cada uno. Arrepentimiento y fe tienen que ver con la salvación; bautismo e imposición de manos, con discipulado y ministerio; y resurrección y juicio, con los tiempos finales. La imposición de manos, en efecto, va agrupada con el bautismo, que también es un acto solemne que se hace para identificar y bendecir a quien Dios ha llamado a una mayor entrega a su señorío. Tal vez el escritor de Hebreos menciona la imposición de manos en virtud del establecimiento de ancianos en la iglesia. No cabe duda que hacerlo, igual que ahora, fue una experiencia solemne donde se sentía y manifestaba la presencia del Señor. Sin embargo, no debemos pensar que fue una simple manipulación de poder de parte de un hombre.

La imposición de manos no fue una costumbre exclusivamente israelita y cristiana. Los pueblos paganos también la usaban, pero en connotaciones de magia y hechicería. La Biblia es inequívoca en su condenación de las artes mágicas y cosas similares (cf. Dt 18:9-12). En la cultura hebrea, y también en la cristiana, este ejercicio no se tenía como un acto de magia donde una persona transmitía un poder hacia otra sino que tenía que ver con hacer una acción simbólica que unía un mensajero con el recipiente de su mensaje, o con la entrega de autoridad.

Las Escrituras enseñan con claridad que aunque uno ora por un enfermo al imponerle las manos, es Dios el que sana, no el que ora: «Y el Señor lo levantará» (Stg 5:15). En Hechos 19:3-6, se ve que Pablo colocó sus manos sobre los creyentes en Éfeso, y estos fueron bautizados en el Espíritu Santo y hablaron en otras lenguas. Sin embargo, no fue Pablo el que los llenó del Espíritu Santo, ni fue la imposición de sus manos una condición obligatoriamente necesaria. Sería un error pensar que el Espíritu Santo era una simple «fuerza» que estaba dentro de Pablo y que viajaba por sus manos hacia los efesios. Fue Jesús el que los bautizó en el Espíritu, pues él es el bautizador (cf. Mr 1:8). Pablo podría haber estado a veinte metros de distancia, o fuera de la ciudad, y Jesús igual hubiera podido llenar a aquellos varones del Espíritu. Cuando el Espíritu Santo llegó sobre los de la casa de Cornelio, nadie les estaba imponiendo manos (cf. Hch 10:44). Practicarlo fue un contacto físico hecho por Pablo para manifestar su fe, solidaridad y oración para con los hermanos en ese momento. Es necesario entonces considerar las Escrituras donde se habla de imposición de manos con estas verdades en mente.

Génesis 48:10-22

En este capítulo se narra la bendición que Jacob pronunció sobre los dos hijos de José: Manasés y Efraín. A José le molestó que Jacob pusiera su mano derecha sobre Efraín, el menor. Sin embargo, lo que allí ocurrió no fue una impartición de algún don espiritual sino una profecía que Dios habló a Jacob acerca del futuro de esas dos tribus, seguida por la tradicional bendición patriarcal. La imposición de manos de un padre o abuelo sobre sus hijos y nietos era una manera íntima y tierna de expresarles su amor. Pronunciar la bendición era hacer una oración profética a Dios por ellos. También era un testamento público, como se ve en este caso, sobre los deseos del padre en cuanto a la herencia que dejaba a cada uno.

Deuteronomio 34:9

Aquí se narra la muerte de Moisés, y cómo Josué lo remplaza para liderar sobre Israel. El versículo 9 dice: «Y Josué, hijo de Nun, estaba lleno del espíritu de sabiduría, porque Moisés había puesto sus manos sobre él; y los hijos de Israel le escucharon e hicieron tal como el Señor había mandado a Moisés». A primera vista, parece que el texto declarara que Moisés efectuó una entrega de un don espiritual a Josué, pero al volver a leer sobre aquella ocasión en Números 27:18-20, vemos algo diferente: «Y el Señor dijo a Moisés: Toma a Josué, hijo de Nun, hombre en quien está el Espíritu, y pon tu mano sobre él; y haz que se ponga delante del sacerdote Eleazar, y delante de toda la congregación, e impártele autoridad a la vista de ellos». Dios, en efecto, le declara a Moisés que ya había puesto «el Espíritu» en Josué. La imposición de manos de parte de Moisés no fue para «impartirle» algo nuevo sino para dar constancia ante toda la congregación de Israel que Dios había escogido a Josué para ser el sucesor de Moisés. Observe que no fue Moisés el que escogió a Josué sino Dios. No fue Moisés el que puso de su espíritu en Josué sino Dios. Cuando en la versión *Reina Valera de 1960* dice: «pondrás de tu dignidad sobre él», se debe tener en cuenta que la palabra «dignidad» (heb. *hod*) significa «autoridad», como aparece en la versión citada aquí, *La Biblia de las Américas*. La *Nueva Versión Internacional* traduce el texto como: «Lo investirás con algunas de tus atribuciones». En otras palabras, Moisés debía respaldar la elección que hizo Dios de escoger Josué al declarar en público que sería su sucesor y con las atribuciones de liderazgo correspondientes. Aquí, por tanto, no hay una «impartición» de algún don espiritual de parte de Moisés, pues Dios ya lo había hecho.

Antes de considerar los textos neotestamentarios que son con frecuencia citados para «probar» que una de las cosas que hacían los apóstoles era andar «repartiendo», «impartiendo» o «activando» dones espirituales en las personas, veamos lo que el Nuevo Testamento tiene que decir sobre los dones espirituales en sí.

Las dos palabras griegas empleadas por Pablo que se traducen como «dones espirituales» son *jarismata* y *pneumatikon*. En 1 Corintios 12:1, él afirma que no quería que fuesen ignorantes sobre «los dones espirituales» [*pneumatikon*]. Luego, en el versículo 4 del mismo capítulo, dice: «Hay diversidad de dones [jarismata], pero el Espíritu es el mismo» (*énfasis añadido*). Gordon Fee opina que aunque son casi intercambiables los vocablos, parece que existe una diferencia en que «cuando se subraya la manifestación, el "don" propiamente tal, Pablo habla de *jarismata*; cuando se remarca el Espíritu, habla de *pneumatika*».[10] Afirma que en 1 Corintios 12:1 y 14:1 sería mejor traducir *pneumatika* como «las cosas del Espíritu».

En 1 Corintios 12:4-11, Pablo enseña sobre la diversidad de dones que hay al nombrar la bien conocida lista de nueve dones de palabra y fe. Termina diciendo: «Pero todas estas cosas las hace uno y el mismo Espíritu, distribuyendo individualmente a cada uno según la voluntad de Él». Él deja ver con claridad que no hay ninguna decisión ni intervención humana en la repartición de los dones espirituales, ya que es una función propia del Espíritu Santo.

---

10 Fee, *Corintios,* p. 652.

Por lo tanto, pensar que el bautismo en el Espíritu Santo o los dones espirituales son «cosas» que uno puede manipular e impartir a quien quiera, simplemente por la imposición de manos, es pensar con una mentalidad pagana como la de Simón el mago de Samaria, que ofreció dinero cuando dijo: «Dadme también a mí esta autoridad, de manera que todo aquel sobre quien ponga mis manos reciba el Espíritu Santo» (Hch 8:19). Este hombre pensaba que podría andar por ahí para impartir algún don espiritual por voluntad propia o decidir quién sería lleno del Espíritu; y ese pecado le trajo una fuerte condenación.

Con esto en mente, consideremos ahora los pasajes que citan los restauracionistas para afirmar que los nuevos «apóstoles» sí hacen repartición de dones.

Romanos 1:11

En Romanos 1:11-12, Pablo dice a los santos de Roma: «Porque anhelo veros para impartiros algún don espiritual, a fin de que seáis confirmados; es decir, para que cuando esté entre vosotros nos confortemos mutuamente, cada uno por la fe del otro, tanto la vuestra como la mía». La palabra que se traduce «impartiros» es *metado*, que significa literalmente «compartir algo que yo tengo». La idea no es dar una cosa en particular en forma completa sino una parte de algo ya en su posesión. La intención de Pablo con estas palabras se aprecia en el versículo 12: «Nos confortemos mutuamente» (*sumparakletenai*). En pocas palabras, quería ir a Roma para compartir su ministerio con ellos y recibir del ministerio que ellos tenían. No está diciendo aquí que pensaba ir allá para dar a alguien el don de profecía y a otro, el de milagros, o algo por el estilo. Él entendía y enseñaba que el Espíritu mismo es el que reparte los dones. No se les acerca como el gran poseedor del depósito de todos los dones, que quería ir allá para hacer una campaña de impartición o activación de dones, sino que habla como uno que con humildad, como uno de igual condición, está deseoso de compartir su ministerio con ellos para también ser ministrado por ellos. Es una hermosa expresión de un siervo del Señor, que expresa algo de su propia necesidad espiritual. Bruce comenta que «Pablo esperaba recibir ayuda, tanto como darla durante su visita a Roma».[11]

---

11 F. F. Bruce, *Colossians*, p. 76.

1 Timoteo 4:14

Las palabras de Pablo aquí son bien conocidas: «No descuides el don espiritual que está en ti, que te fue conferido por medio de la profecía con la imposición de manos del presbiterio». Lo que al parecer ocurrió en el caso de Timoteo, quizá al momento de su llamado inicial al ministerio, fue que Dios confirmó mediante una palabra de profecía que le estaba dando un llamado y un don de ministerio. El presbiterio, al oír la profecía y reconocerla como válida, confirmó ante la iglesia el llamado de Dios sobre él y le impusieron las manos en oración.

Así precisamente fue en el caso de Hechos 13:1-3, cuando Bernabé y Saulo fueron llamados por el Espíritu Santo para la obra misionera. Ahí, Dios tomó la iniciativa de colocar su llamado en las personas que había escogido. En seguida, el Espíritu Santo por palabra de profecía anunció a la iglesia el llamado que había sido dado. La iglesia entonces respondió a la profecía con oración y ayuno para saber bien si la palabra era del Señor. Al sentir en unidad que así fue, impusieron las manos para mostrar su aprobación en aquel ministerio misionero.

Así funcionaba la imposición de manos en el Nuevo Testamento. No era una «impartición» de dones hecha por iniciativa propia de un apóstol o profeta sino un acto solemne, bien ponderado, en respuesta a una evidente acción de Dios en una persona. Por esa razón, la Escritura dice: «No impongas las manos sobre nadie con ligereza» (1 Ti 5:22). Así debe seguir siendo hoy.

2 Timoteo 1:6

En este versículo, que dice: «Por lo cual te recuerdo que avives el fuego del don de Dios que hay en ti por la imposición de mis manos»; existe una expresión similar a la que también está en 1 Timoteo.

Puede ser que Timoteo haya recibido imposición de manos en dos oportunidades: una de parte del presbiterio y otra, del mismo Pablo. Fee piensa que ambas menciones de impartición de manos se refieren a un mismo suceso en la vida de Timoteo, y que en 2 Timoteo, Pablo le habla de manera más íntima.[12] De modo que Pablo no dice que le dio un don a Timoteo sino que el don vino de Dios. Además, declara saber que el don fue dado en el momento cuando impuso sus

---

12 Gordon Fee, *1 & 2 Timothy, Titus*, Hendrikson Publishers, Peabody, MA, EE.UU., 1988, p. 226.

manos en Timoteo, pero que no fue él ni sus manos la fuente del don sino Dios mismo.

Ahora bien, no hay que considerar estas cosas con mentalidad pagana y pensar que Pablo o cualquiera de los apóstoles era una especie de «Harry Potter» que hacía magias con sus manos. Esa no es una visión bíblica de la imposición de manos. El acto de hacerlo nunca debe ser algo realizado para llamar la atención a la persona que las impone. No es un espectáculo sino una acción que confirma la voluntad de Dios para la persona en cuestión, lo cual llama a la congregación a la alabanza y adoración al Señor.

Vemos entonces que no hay apoyo bíblico para estas especulaciones de los restauracionistas en el campo de la pneumatología. El Espíritu Santo no delegó la distribución de sus dones a ciertos «apóstoles» modernos para que determinen quién recibirá cuál don. Es el mismo Espíritu Santo el que reparte los dones según su voluntad. Cuando la iglesia reconoce la presencia del don en la persona por palabra profética o por la propia demostración del don, el liderazgo de esa congregación puede imponerle manos en señal de gratitud, aceptación, afirmación y aprobación del ministro que Dios bendijo.

EL ENFOQUE ESCATOLÓGICO

Toda forma de restauracionismo ha sido por definición una creencia escatológica. Se fundamenta en la idea que la restauración de alguna u otra cosa, en este caso apóstoles, es la pieza faltante clave para que culmine el plan de Dios en esta era y se produzca el retorno de Cristo.

Aunque parece que la mayoría de los seguidores de ese movimiento afirma creer en la Segunda Venida de Cristo como premilenaria —la visión usual del pentecostalismo clásico—, no hay claridad de si todos creen o no de esa forma. Lo que no queda claro en sus enseñanzas es si Cristo volverá apenas se restauren los apóstoles o solo después que estos hayan dirigido la iglesia a una todavía mayor «restauración de todas las cosas» (entiéndase como la supremacía de la influencia cristiana en todas las esferas políticas y culturales del mundo). Esta visión de «la restauración de todas la cosas» como el dominio de la iglesia sobre la cultura mundial es fomentada por Earl Paulk y otros del mismo movimiento. Escatológicamente hablando, esa visión se llama posmilenialismo.

De cualquier modo, esta enseñanza resta mucho a la idea de la inminencia del retorno de Cristo, pues impone cierta condición previa que la iglesia tendría que cumplir para que se pueda efectuar la Segunda Venida del Señor. La enseñanza de Hamon, Paulk y otros en relación a Hechos 3:21, de que Cristo está «atrapado» o «retenido» en el cielo, atenta contra la soberanía de Dios. Las Escrituras son claras al señalar que el tiempo de la Segunda Venida de Cristo es algo fijado por el Padre, no por la iglesia. «No os corresponde a vosotros saber los tiempos ni las épocas que el Padre ha fijado con su propia autoridad» (Hch 1:7).

En la introducción a *Ultimate Kingdom*, Paulk da un ejemplo de su propia función como profeta para la actualidad, a fin de preparar a sus lectores para sus enseñanzas escatológicas: «Temprano en la mañana en el día del Señor, el Espíritu Santo me dio una visión. A medida que el Espíritu Santo empezó a desplegar esta visión, me di cuenta de que lo que vi era semejante a lo que el apóstol Juan vio en su visión en la isla de Patmos. Vi el trono de Dios y me di cuenta de la "actualidad" del Dios eterno. Según el Señor me abrió la mente por el Espíritu Santo, me di cuenta de la necesidad de evaluar la dirección de la Iglesia en esta generación. El Espíritu del Señor dijo: "Te enseñaré lo que está sucediendo para que entiendas"».[13]

Ante una afirmación de tanta «autoridad divina», es difícil criticar los comentarios del pastor. Si su interpretación no futurista del Apocalipsis es algo que le fue declarado por el Espíritu Santo, ¿quién podrá refutarlo?

En su folleto «The Proper Function of the Church», Paulk escribe: «Hoy en día, creciente iluminación se suma a la revelación que nos abre los misterios de Dios que nunca antes han sido comprendidos».[14] En su comentario sobre el Apocalipsis, Paulk comenta sobre la advertencia en contra de la añadidura a la profecía (cf. Ap 22:18-19): «Añadir a ... no significa que Dios no esté hablando hoy en una revelación fresca o complementaria. Esta revelación complementaria incrementará en concordancia con lo que está escrito en la Palabra de Dios. La Biblia es la guía y la fuente. La Biblia es la base sobre la cual se

---

13 Earl Paulk, *Ultimate Kingdom*, Kingdom Publishers, Atlanta, GA, EE.UU., 1987, p. 13.

14 Earl Paulk, *The Proper Function of the Church*, Chapel Hill Harveter Church, Atlanta, GA, EE.UU., s.f., p. 11.

fundamenta toda revelación posterior, pero Dios continúa dando revelación».[15]

La verdad es que cualquier mormón estaría en pleno acuerdo con aquellas palabras, pues ellos también dirían que la Biblia es la base, pero el *Libro de mormón* es una revelación posterior. Paulk recurre a esta creencia en la revelación continua para justificar y legitimizar como de origen divino sus enseñanzas postmilenarias. Es de esperar que no todos los participantes del restauracionismo apostólico caigan en este error.

EL ENFOQUE DE OTRAS CORRIENTES TEOLÓGICAS

Antes de cerrar este capítulo de crítica teológica de este movimiento, vale la pena observar otros aspectos de la teología de los «apóstoles» restaurados modernos. Su literatura revela que además de afirmar creencias bibliológicas, eclesiológicas, pneumatológicas y escatológicas preocupantes, también prestan su influencia para legitimizar otras ideas cuestionables como la cartografía espiritual, las maldiciones generacionales y la confesión positiva de «palabras rhema».

Peter Wagner es un excelente ejemplo de esta realidad. Además de ser promotor incansable de esa corriente y líder de varias organizaciones de «apóstoles» modernos, es autor de numerosos libros sobre guerra espiritual estratégica y cartografía espiritual. Aunque aquí no intentaremos hacer todo un estudio y evaluación de esas corrientes, bastémonos con comentar un ejemplo de cómo se esgrimen estas enseñanzas.

Los demonios tipo «hombre fuerte»

Wagner y los maestros de la «guerra espiritual estratégica» afirman que Marcos 3:27 («Pero nadie puede entrar en la casa de un hombre fuerte y saquear sus bienes si primero no lo ata; entonces podrá saquear su casa») enseña que sobre toda ciudad y país rige un gran demonio u «hombre fuerte» al que los creyentes deben «atar» para evangelizar eficazmente.

Sin entrar en toda una discusión sobre las realidades angelicales, hay que notar que ese pasaje y sus paralelos sinópticos se refieren a la parábola que Jesús empleó en una situación para ilustrar la ironía de la acusación de los fariseos de que Satanás mismo estuviese echando

---

15 Earl Paulk, *Ultimate Kingdom*, p. 222.

fuera a los demonios. El «hombre fuerte» se da en el singular, y representa a Satanás mismo, no a algún demonio territorial en particular. Cristo estaba anunciando que su venida al mundo era una invasión a los territorios de Satanás, y que le había vencido. Nada del texto indica que intentaba enseñar sobre la existencia de demonios u «hombres fuertes» que rigen sobre determinadas ciudades del mundo. No cabe duda que existen demonios, y que es necesario discernir su presencia y sus maquinaciones en determinadas situaciones, pero la exégesis restauracionista de este pasaje y las enseñanzas extremas que de allí se desprenden no reflejan la verdad que Cristo decía en esa ocasión.

Las «palabras rhema»

Otro ejemplo mal fundamentado que los modernos «apóstoles» se prestan para defender es la enseñanza sobre las «palabras rhema» contra las «palabras logos».[16] Esta corriente enseña que los dos vocablos griegos que expresan la idea de «palabra» en el Nuevo Testamento, *rhema* y *logos*, son muy diferentes uno del otro. Esto supuestamente nos revelaría que en verdad hay dos clases de «Palabra de Dios» y que todo creyente necesita conocer esta distinción y sus aplicaciones prácticas. La distinción yace en que *logos* supuestamente se limita en definición a la Palabra de Dios escrita, inspirada y canónica; y que *rhema* concierne a las palabras ocasionales, no canónicas, pero dadas por el Espíritu Santo mediante el don de profecía.

La verdad es que en el ámbito lingüístico y bíblico no existe tal distinción entre *logos* y *rhema*; más bien son sinónimos. El teólogo y profesor de griego Antonio Palma escribe: «Las formas verbales cognadas de las dos palabras también ayudan a ver que no se pretende establecer ninguna verdadera distinción. La palabra griega corriente para "decir, hablar" en el tiempo presente es *lego*; el sustantivo equivalente es *logos*. Pero la palabra *lego* es lo que en la gramática española llamamos un verbo irregular; la raíz del tiempo presente no se encuentra en otras partes principales del verbo (como en español "ir" y su forma pretérita "fui, fue, etc."). Otras partes principales del verbo griego *lego* (por ejemplo: *ero*, *eireka*) vienen de otra raíz, ¡pero no hay ninguná

---

16 Para muestras de las afirmaciones de esta corriente, véase Wagner, *Apostles and Prophets*, p. 34; Hamon, *Apostles and Prophets*, pp. 284-285.

diferencia de significado! La palabra *rhema* emplea esta otra raíz. El punto es que dos sustantivos sinónimos del griego emplean raíces diferentes. Esto es similar a los sinónimos españoles tales como "obtener" y "adquirir", que obviamente no vienen de la misma raíz, pero que no difieren en significado».[17]

Las distinciones alegadas entre los dos vocablos simplemente no existen. En el Nuevo Testamento se usan de maneras intercambiables en todos los contextos que uno se pueda imaginar. Por ejemplo, cuando Pablo habla de las palabras dadas en un culto por medio de los dones espirituales de palabra de ciencia o sabiduría, situación que se adapta de manera perfecta con la definición de «palabras *rhema*», nunca usa el vocablo *rhema* sino *logos*: «*logos sofia*» (*palabra de sabiduría*), y «*logos gnoseos*» (*palabra de ciencia*) (cf. 1 Co 12:8). La verdad es que la palabra *rhema* no aparece ni una sola vez en todo el capítulo doce de 1 Corintios.

Más allá de inventar una supuesta distinción entre los dos vocablos griegos *rhema* y *logos*, esta corriente afirma que si un creyente aprende a confesar palabras *rhema* de forma positiva y en fe, puede crear prosperidad y salud para sí mismo.

Además, hay que señalar que Wagner y Hamon se esfuerzan en sus libros para señalar algunos de los peligros extremos de la enseñanza de «palabras *rhema*», sobre todo en cuanto a la avaricia de posesiones y riquezas,[18] pero nada hacen para atacar el problema de fondo, que es la interpretación alegórica de las sagradas Escrituras. Atienden de manera ligera el síntoma pero no la enfermedad que lo produjo.

CONCLUSIONES EN RAZÓN DE LA CRÍTICA TEOLÓGICA

Los proponentes del restauracionismo apostólico son por lo general hermanos evangélicos, carismáticos o pentecostales con doctrinas fundamentales ortodoxas. Sin embargo, hay graves problemas con su manera de hacer bibliología, eclesiología, pneumatología y escatología. Los adeptos del restauracionismo apostólico se muestran dispuestos a aceptar y promover corrientes teológicas preocupantes, mayormente

---

17 Antonio Palma, *Tesoros léxicos de la Palabra de Dios*, Editorial Vida, Miami, FL, EE.UU., 1995, p. 84.

18 Wagner, *Terremoto en la iglesia*, p. 258. Hamon, *Apostles and Prophets*, p. 199.

en el área de la revelación extrabíblica. Los apóstoles del primer siglo se destacaron por defender a la iglesia de las falsas doctrinas. Estos, en cambio, fomentan enseñanzas y corrientes teológicas muy preocupantes. Confunden la iluminación que el Espíritu Santo da al que escudriña las Escrituras en fe con revelación y entronan a los nuevos «apóstoles» como los máximos receptores de la revelación divina. Los casos pasados desde Mani hasta José Smith acusan el peligro que corre el pueblo de Dios cuando se da lugar a tales extremos.

Capítulo cinco

CONCLUSIONES ACERCA DEL RESTAURACIONISMO APOSTÓLICO

«Has probado a los que se dicen ser apóstoles»
(Ap 2:2) RVR 1960

*E*s muy difícil predecir a estas alturas cómo se darán las cosas en la comunidad evangélica y pentecostal latinoamericana frente a esta corriente en el futuro cercano y a mediano plazo. Durante estos primeros años del nuevo milenio, la tendencia sin duda ha sido el crecimiento de la aceptación del restauracionismo apostólico entre las iglesias y los ministros, aunque siguen apareciendo más y más voces llamando a la cautela. Es de esperar que este libro pueda cumplir un papel en este debate.

Al cabo de considerar esta corriente tanto a la luz de sus expresiones actuales como a la luz de sus antecedentes bíblico-históricos, podemos sacar varias conclusiones, a saber:

1. *Este movimiento efectivamente hace varios aportes positivos a nuestra vida y experiencia cristiana evangélica común.*

    Aparentemente para muchas personas las formas de liderazgo y gobierno eclesiástico actuales no han suplido bien todas las necesidades de las iglesias evangélicas-pentecostales. Es obvio que este movimiento acusa bien la existencia de estas necesidades, y por eso es visto como la respuesta requerida.

    Este movimiento es positivo en que nos recuerda que debemos reconocer las gracias y dones auténticos que Dios da a sus ministros y aceptarlos como tales; al recalcar que el liderazgo sobre las iglesias debe ser en primera instancia pastoral, no solo administrativo; en que pone realce en la necesidad de liderazgo con visión de Dios para el crecimiento de la obra y no de simple mantenimiento del status quo. No cabe duda que muchos ministerios de hoy liderados por «apóstoles» están haciendo una gran obra que, en efecto, contribuye al avance del reino de Dios. Es evidente que de parte de sus seguidores hay un sincero deseo de servir a Dios de una manera bíblica y correcta. Todo esto es motivo para dar gracias al Señor.

Sin embargo, esta investigación también arroja varias observaciones preocupantes.

2. *Esta corriente se fundamenta principalmente de una serie de creencias que son en verdad mitos, no verdades bíblicas.*

Con «mito» no me refiero a algo fabulesco, como se piensa en el ámbito popular. No me refiero, por ejemplo, a algo como «la Medusa», personaje de la mitología griega. Por «mito» o «mítico» me refiero a creencias, proyecciones o aplicaciones de cosas verdaderas a niveles exagerados, con el resultado de que tales apreciaciones llegan a convertirse en paradigmas, modelos absolutos y universales que suplantan a los modelos correctos. El *Diccionario de la Real Academia Española* define «mito» como «persona o cosa a la que se atribuye cualidades o excelencias que no tiene, o bien una realidad de la que carece». En ese sentido es que aquí se emplea la palabra «mito».

Muchos grupos restauracionistas han recurrido a este autoengaño para justificar sus acciones. Por ejemplo, los que en el temprano siglo veinte demostraban su fe manipulando serpientes venenosas alegaban que así se hacía en la iglesia primitiva, y que, por lo tanto, estaban legítimamente restaurando algo neotestamentario. Sin embargo, la creencia que los cristianos primitivos deliberadamente hacían esto durante sus reuniones para probar su fe es un mito, y no una verdad bíblica demostrable. Así son las «restauraciones» ilegítimas. Algo similar pasa con el restauracionismo apostólico, pues ha creado su propia serie de mitos acerca de la iglesia primitiva.

Hay por lo menos cinco mitos que esta corriente promueve y que explicaremos a continuación: primero, el de la perfección de la iglesia primitiva; segundo, el de la sucesión apostólica; tercero, el del «ministerio quíntuple»; cuarto, el de las «redes apostólicas»; y quinto, el de la «cobertura apostólica».

El mito de la perfección de la iglesia primitiva

Este error lo cometen todos los grupos restauracionistas. Creen que hay que volver a las condiciones de la iglesia primitiva en todo sentido posible porque esa era la iglesia perfecta, donde todo existía en un estado ideal.

En efecto, una lectura de Hechos muestra que hubo tremendo crecimiento, milagros, señales y prodigios en respuesta a la predicación del evangelio, cosas que todos queremos ver más y más. Sin duda, hay muchísimo de la iglesia primitiva que es un paradigma que debemos imitar, pero aunque aquella iglesia tenía muchísimas cualidades excelentes y asombrosas, no era perfecta.

Todo estudiante del Nuevo Testamento sabe que en la iglesia primitiva existieron problemas graves como el robo cometido por Ananías y Safira, la discriminación sufrida por las viudas helenistas de Jerusalén, los pecados de adulterio e incesto que hubo en Corinto, los roces y envidias de Eudia y Síntique de Filipos, el judaizantismo practicado en Jerusalén, que nunca llegó a admitir a miembros gentiles, y la apostasía y abandono de la fe cometido por Demas, que abandonó a Pablo para volver al mundo, entre muchas otras cosas.

Cada epístola fue escrita debido a los errores, pecados y dificultades que existían en las iglesias destinatarias. La idea de que la iglesia primitiva era perfecta en todo sentido es un mito. Es bueno aspirar a recuperar sus cosas positivas, pero no debemos ponerle un pedestal como modelo de perfección.

El restauracionismo apostólico mantiene esa imagen idealista y perfeccionista de la iglesia primitiva, y la usa para justificar su demanda de que haya apóstoles en la iglesia de hoy: si se vuelve a tener apóstoles, las iglesias volverán a la supuesta condición utópica original. Tal utopía es un mito.

El mito de la sucesión apostólica

Los maestros de la corriente en cuestión insisten en que la intención de la iglesia primitiva fue que siempre tuviera apóstoles como líderes y gobernantes. Vimos el caso de la elección de Matías, una decisión única y especial, pero ellos declaran que era un paradigma para seguir nombrando apóstoles en el futuro. Sin embargo, toda la evidencia bíblica e histórica dice absolutamente lo contrario. Fuera del caso de Matías, no hubo ninguna otra instancia de «nombramiento» o «unción» de apóstoles hasta los tiempos modernos, donde mormones y otros grupos restauracionistas lo hacen. De los compañeros ministeriales de Pablo que se convirtieron después de la resurrección de Cristo, como Timoteo, Lucas, Tito, Aquila, Priscila, Apolos, Tíquico, Epafras y tantos más, ninguno fue jamás «nombrado apóstol» o algo por el estilo. La creencia en la «sucesión apostólica» del primer siglo es un mito.

El mito del «ministerio quíntuple»

Como vimos antes, este movimiento ha creado toda una teología ministerial con base en un solo versículo, Efesios 4:11.

Obviamente no se puede negar la existencia de apóstoles, profetas, evangelistas y pastores-maestros en el mundo de Pablo. El problema es que se ha creado la enseñanza de que este versículo es el paradigma, el modelo imprescindible para establecer ministerios legítimos en las iglesias locales. Se enseña hoy que cada iglesia necesita contar con un apóstol, un profeta, un evangelista, un pastor y un maestro, tal como James Mullan hacía en Sudáfrica. Sin embargo, como ya señalamos, en vano buscamos este tipo de organización entre las iglesias del Nuevo Testamento. El liderazgo sobre una iglesia local del primer siglo estaba en manos de ancianos (presbuteroi) y diáconos, y hacia el final del siglo, de un obispo (episkopos) sobresaliente entre los demás ancianos. Fuera de Efesios 4:11, no hay ninguna otra mención en toda la Biblia del «ministerio quíntuple», como tampoco hay «tipos» o semejanzas al respecto (por ejemplo, las cinco piedras que tomó David del arroyo); eso es puro alegorismo. Nunca es bueno crear una doctrina con base en un solo versículo. Toda doctrina cristiana auténtica será comprobable por la analogía de las Escrituras con declaraciones paralelas afirmativas bien discernibles.

En los textos paulinos y de manera paralela se describen la diversidad de ministerios que deben funcionar en la iglesia local (como Romanos 12 y 1 Corintios 12), aparte de los nombrados en Efesios 4:11. Cualquier consideración de cuáles deben ser los ministerios en la iglesia local no deberá ignorar estos y otros pasajes.

Los restauracionistas, sin embargo, han creado un mito sobre el gobierno eclesiástico del primer siglo que no resiste un escrutinio serio.

El mito de las «redes apostólicas»

El cuarto mito que ha creado esta corriente es el de las llamadas «redes apostólicas». Se enseña hoy que todas las iglesias del primer siglo eran producto del ministerio fundacional directo o indirecto de algún apóstol en particular, y que estas conformaban su «red», la cual alguno de ellos gobernaba personalmente. El ideal entonces es que se «restaure» esto y que se vuelva a un sistema similar.

Sin embargo, como ya lo demostramos, hay varios problemas con esta enseñanza. No es cierto que toda iglesia del Nuevo Testamento fue fundada por un apóstol o un representante de un apóstol, y que luego todas aquellas iglesias conformaban una red que él dirigía. Es verdad que muchas iglesias fueron fundadas por los apóstoles, pero no todas. Antes de que los apóstoles saliesen de Jerusalén, mucha de la membresía de la iglesia fue esparcida (cf. Hch 8:1). Ya señalamos antes cómo fue que las iglesias se fundaron siguiendo los patrones de la sinagoga judía. La verdad es que hubo muchas iglesias que fueron fundadas por los creyentes, sin la presencia de un apóstol o un enviado de parte de un apóstol entre ellos. Sin embargo, no por eso perdía su legitimidad la iglesia.

Los apóstoles sí se mantenían en contacto con las iglesias que fundaban. Además, dictaban directrices cuando era necesario y en virtud de su autoridad como apóstoles y fundadores de dichas iglesias (p.e. Pablo y Corinto). No obstante, es un error pensar que la tarea principal del apóstol era «gobernar» su «red» personal de iglesias. Ya dijimos cómo fue que Pablo dejó de ministrar en Asia por considerar su labor ahí cumplida, y cómo aspiraba llegar a nuevos horizontes (cf. Ro 15:20,23). A él no le interesaba «edificar sobre fundamento ajeno». Lo que menos quería hacer era «expandir su red» por medio de la incorporación de iglesias ya previamente fundadas por otros, cosa que los «apóstoles» modernos se esfuerzan en hacer.

De manera absolutamente contraria a la realidad bíblica, hoy se enseña que si una iglesia no es parte de una «red apostólica», se arriesga a volverse deficiente, menos legítima y bíblica; pero si solo se hace parte de una red, aun sin importar que el apóstol que presta la «cobertura» viva a miles de kilómetros en otro país, estará mucho mejor que bajo la supervisión de un presbítero o superintendente denominacional que viva en el mismo lugar. Tal concepto no es solo un mito sino un absurdo.

El mito de la «cobertura apostólica»

Todo lo anterior nos lleva al quinto mito de este movimiento, la «cobertura apostólica». Hoy se enseña que no solo toda iglesia local sino cada creyente necesita esta cosa tan mística y especial que es la «cobertura apostólica». Sin importar que sea un vocablo que no tiene ninguna mención bíblica, es algo estimado como de suprema importancia hoy en día.

En la investigación de este tema se encontró el caso donde un «apóstol» moderno enseñaba que si una persona creyente es miembro de una iglesia que no cuenta con «cobertura apostólica», ¡su salvación no es válida!, pues esta supuestamente depende de forma directa de su pertenencia a una iglesia miembro de una red apostólica.

No hay duda de que cada creyente necesita ser discipulado y pastoreado; necesita lazos de amistad, comunión, instrucción y oración, pero no hay nada en las Escrituras que señale que dicho ministerio es función exclusiva de apóstoles. Más bien, es una expresión muy acertada de lo que es la función pastoral. Lo de la «cobertura apostólica» es solamente otro mito.

3. *El restauracionismo apostólico no solo se fundamenta en mitos sino que elige ignorar muchas verdades históricas, bíblicas y teológicas que contradicen esos mismos mitos y afirman la verdad.*

Esta corriente proclama ser un mover de Dios único, especial y sin precedentes. Sin embargo, los precedentes abundan. Lo que algunos llaman la «Nueva Reforma Apostólica» no es nuevo ni es reforma ni es apostólico. Ese título falló en tres de tres:

No es nuevo, pues se intentó varias veces antes. Estos deseos por restaurar apóstoles, comenzando con Mani de Persia, pasando por los anabaptistas de Münster, Roger Williams, los mormones, los ingleses de la Iglesia Católica y Apostólica, y tantos otros grupos, evidencian que esta idea es bastante rebuscada. Sin embargo, sus adeptos actuales prefieren ignorar estos antecedentes históricos y las lecciones que se pueden aprender de estos casos. Tal error fácilmente puede conducir a que la historia se repita una vez más.

Tampoco es reforma, pues todos los ministerios apostólicos legítimos (evangelismo, plantación de iglesias, mentoreo y supervisión de iglesias) que propone «restaurar» en la iglesia siempre han estado ahí, y los ministerios apostólicos revelacionales y fundacionales no necesitan repetirse. Pensar que este movimiento actual de alguna manera tiene la misma importancia que la Reforma Protestante del siglo veintiuno es una presunción tremenda.

Tampoco es apostólico, pues la manera en que el movimiento define apóstol (uno que «asume y ejerce» liderazgo y control sobre iglesias previamente establecidas y crea así redes de iglesias gobernadas por apóstoles) no obedece en absoluto al modelo ministerial apostólico bíblico. Si estos modernos «apóstoles» de veras tuvieran un poco de espíritu apostólico, estarían haciendo planes para ir a Arabia Saudita, Corea del Norte o algún otro lugar donde es necesario sembrar la semilla del evangelio y fundar las primeras iglesias. Eso es lo que haría Pablo si estuviera aquí ahora, pero no es para nada lo que quieren hacer los «apóstoles restaurados». Este movimiento no tiene nada de «apostólico». Gracias a Dios, que a pesar de este movimiento, sí hay misioneros en el mundo, como siempre la iglesia ha tenido, que están dispuestos a hacer auténtica labor de naturaleza apostólica y abrir los campos nuevos, y que no están obsesionados con que se les llame «apóstol» o que se les trate como si fueran superestrellas. Sencillamente son los verdaderos Timoteos, sucesores de los apóstoles.

4. *El restauracionismo apostólico no es una restauración legítima ni necesaria.*

Los pentecostales creemos fuertemente en la restauración como una de las obras de Dios. Por su gracia, Dios nos restaura a una relación íntima con él y restaura vidas y hogares destruidos por el pecado. Como señalamos, también creemos que Dios ha realizado obras de restauración en la iglesia a través de los tiempos, en particular durante los últimos siglos. La Reforma del siglo dieciséis liderada por Lutero y Calvino restauró la enseñanza cabal del evangelio de la gracia, no por obras.

A partir del siglo diecinueve se vio una restauración de la enseñanza de la sanidad divina, un énfasis en las misiones mundiales, las verdades del bautismo en el Espíritu Santo con la evidencia de hablar en lenguas, y la operación de los dones espirituales. Hoy, estas verdades se destacan como nunca antes en la historia eclesiástica postapostólica, sin duda como resultado de una acción restauradora de Dios.

Sin embargo, muchos intentos también se han hecho para introducir una idea errónea a la vida y fe de la iglesia en nombre de una «restauración» que en realidad no la ha sido. El afán de restaurar el oficio de apóstol con roles fundacionales y revelacionales cabe aquí, pues no es una restauración legítima ni necesaria. Las observaciones hechas durante el transcurso de esta investigación conducen a las siguientes conclusiones:

Primero, los apóstoles, tanto los doce como otros (Bernabé, etc.), fueron testigos de la resurrección de Cristo. Fueron apóstoles no por ser enviados por una u otra iglesia o persona sino por ser enviados por Cristo mismo. Su ministerio fue fundacional y revelacional ante todo. Estaban conscientes de que como eran los únicos capaces de decir «yo vi al Señor Jesús resucitado de entre los muertos», su misión era ir por el mundo predicando el evangelio de Cristo, el Señor y Salvador de todo el mundo, y echar así el fundamento permanente de la iglesia de Cristo.

Había conciencia de esto, y por eso a la segunda generación de líderes que fue apareciendo (Timoteo, Tito, etc.) no se les llamó «apóstoles», aunque continuaron las labores apostólicas que aprendieron de sus mentores. Por lo tanto, no hubo iniciativas en cuanto a una «sucesión apostólica», pero sí hubo quienes les siguieron en sus labores misioneras, apostólicas (como Timoteo), pero sin ser llamados «apóstoles» en sí, como también hubo sucesión del liderazgo en las formas de obispos, ancianos y diáconos en las iglesias.

La literatura neotestamentaria de final del primer siglo señala con claridad que se hacía memoria de los apóstoles y se valoraba la preservación de sus enseñanzas, pero no que se haya elaborado algún sistema para asegurar la continuidad del oficio.

Segundo, la Patrística aclara que la iglesia no reconoció a ninguno de sus líderes a partir del segundo siglo como «apóstol». Las frecuentes menciones sobre apóstoles en aquella literatura se hicieron sin variedad en referencia a los apóstoles fundadores del primer siglo, cuyas palabras fueron estimadas como inspiradas y canónicas. Gracias a este criterio quedó bien establecido el canon del Nuevo Testamento.

No puede existir duda de que la iglesia a fines del primer siglo y comienzos del segundo respetó la decisión previa de limitar el uso del vocablo «apóstol» para referirse a los apóstoles originales, sin que eso redujera o limitara en lo más mínimo sus esfuerzos por evangelizar y plantar nuevas iglesias en medio de un ambiente sumamente hostil al mensaje de Cristo. Estos «padres», aunque no fueron identificados como apóstoles sino como obispos, dieron testimonio de Cristo con valentía, muchos pagando con sus propias vidas.

Tercero, la historia moderna demuestra con claridad que hay numerosos antecedentes que dejan ver qué suele pasar cuando se intenta restaurar el oficio de apóstol y alguien es elevado a tal rango, lo que se entiende como una figura de autoridad sobre un número de iglesias o personas. A pesar de todo lo que alegan, cuando a alguien se le nombra «apóstol» en estos tiempos, se le «suben los humos a la cabeza». Figuras como Jan van Leyden, Brigham Young y Alexander Dowie tomaron su condición de «apóstol» y la aprovecharon para establecerse como reyes sobre sus seguidores. El afán que ya se deja ver en Latinoamérica de tratar a los modernos «apóstoles» como superestrellas que merecen toda suerte de tratamientos especiales, estadías en solo los mejores hoteles, autos de lujo y cosas por el estilo, acusa que esta tendencia se vuelva a repetir, pues no se aprendieron las lecciones de la historia.

Cuarto, los maestros de esta corriente se caracterizan por desarrollar una hermenéutica alegórica y trastornar el sentido claro de muchos textos bíblicos en afán de encontrar argumentos que sostengan sus creencias. Justifican estas «interpretaciones» diciendo que son «verdades presentes», nuevas revelaciones que el Espíritu Santo da sobre las Escrituras. Como ejemplo de esto vimos las interpretaciones de Hamon y Arboleda de la visión de Zacarías acerca de los dos olivos y de la visión de Juan de los dos testigos. Este hecho acoplado a la absoluta credulidad que tienen sus seguidores en todas sus palabras puede conducir a graves problemas.

Quinto, el estudio de las epístolas del Nuevo Testamento muestra que los apóstoles se preocuparon ante todo por la sana doctrina. Sin excepción, cada epístola tuvo su génesis en uno u otro desafío teológico, fuese este las enseñanzas de los judaizantes, los excesos de los corintios, o los falsos maestros proto-gnósticos de fin de siglo. Los apóstoles del primer siglo luchaban fuertemente contra las falsas doctrinas que intentaban ganar audiencia entre los creyentes.

En contraste con eso, la evidencia manifiesta en este estudio que muchos de los «apóstoles» modernos no se caracterizan por ser grandes predicadores de las verdades fundamentales del evangelio sino que parecen estar más interesados en promover enseñanzas que satisfacen a personas con comezón de oír halagos y promesas de prosperidad, que en llamar a una vida de identificación con el Cristo crucificado. Esta corriente se presta para servir de sello de aprobación de una plétora de doctrinas erróneas y mal labradas que hoy circulan en el mundo carismático, tales como la confesión positiva, las supuestas distinciones entre una «palabra logos» y una «palabra rhema», los «pactos de prosperidad», la cartografía espiritual y la «guerra espiritual estratégica», el tabernáculo de David y el neo-judaizantismo, el postmilenialismo y la enseñanza reino ahora, entre otras.

Todo esto se torna aun más preocupante cuando los modernos «apóstoles» pretenden dejar fuera de la discusión a los que no son reconocidos como apóstoles o profetas. Según ellos, solo los círculos estrechos de modernos «apóstoles» deben discutir estos temas, tan llenos de interpretaciones alegóricas, valores no cristocéntricos y creencias gnósticas.

Sexto, este movimiento también es de cuidado porque pretende destruir un sistema de gobierno eclesiástico exitoso (como el que se usa en las Asambleas de Dios, que ha logrado la evangelización de una gran cantidad de habitantes del mundo con base en un sistema de líderes regularmente elegidos por el consenso de la mayoría de sus ministros. Estos, con su voto, dan testimonio del ministerio y los dones espirituales que han visto operar en el ministro, cosa que provee un sistema de transparencia y resguardos contra la corrupción) y aboga por un sistema de líderes vitalicios, que no tienen que responder a nadie sino a sus semejantes, colegas apóstoles, todos convencidos de su intrínseca superioridad sobre el común de los creyentes y los otros ministros. Aunque algunos aleguen que estas cosas no son ciertas, la historia eclesiástica y el testimonio de los sucesos de la actualidad dan fe de la realidad de estos peligros.

Este movimiento es preocupante porque fomenta la dócil aceptación de un sistema de gobierno eclesiástico que se presta para una suerte de «caudillismo espiritual» en que se eleva una persona a un nivel extremo de privilegio y autoridad, y eso de manera vitalicia.

Séptimo, finalmente, la reforma de Lutero se esforzó, entre otras cosas, en afirmar el sacerdocio de todo creyente, y su libertad para escudriñar las Escrituras con la ayuda de un pastor o maestro. No obstante, el restauracionismo apostólico es preocupante porque atribuye a ciertos hombres un supuesto grado no solo de absoluta superioridad en la «interpretación» de las Escrituras sino también de ser receptores de «verdades presentes» o «revelaciones frescas», lo que echa por tierra parte de la victoria lograda por los reformadores.

Esta corriente está aquí infectando con una fuerza sin precedentes de las mismas debilidades que en el pasado han conducido a errores y fracasos. Es preocupante la falta de reflexión histórica, disciplina exegética, autocrítica y autodisciplina de ese movimiento. Cada día se levantan más hombres que afirman ser «apóstoles», que tienen una revelación fresca, que son capaces de impartir dones y que ofrecen una «cobertura apostólica» vital para iglesias que ellos jamás fundaron ni pastorearon. Y el problema es que no hay quién los controle, pues se sujetan solo a sus colegas «apóstoles» restaurados que están haciendo las mismas cosas.

Entonces, ¿qué debemos pensar? ¿Cuál debiera ser la respuesta evangélica, pentecostal y ortodoxa frente a todo esto? Es completamente acertada la respuesta dada por el Concilio General de las Asambleas de Dios en Estados Unidos, que afirma que, en efecto, hay ministerio «apostólico», es decir, ministerio realizado a la manera que lo hicieron lo apóstoles, y que este es de índole misionero y no de gobierno. Describe la obra apostólica como una que «extiende las fronteras del Reino de Dios por el penetrar e impactar a grupos de personas no evangelizadas e inalcanzadas con el Evangelio», y que no aspira a recibir título o a ser dado oficio como «apóstol».[1] Hay que observar que este concilio tiene una definición de «apóstol» bastante diferente a la de Wagner, que destaca gobierno sobre redes apostólicas personales, y la de Eckhardt, que destaca las funciones fundacionales y revelacionales.

---

1 Presbiterio General de las Asambleas de Dios en Estados Unidos, «Apostolic Ministry and the U.S. Assemblies of God — Operational Definition», publicación digital en la web http://ag.org/top/gc2003/resolutions/index.cfm. Búsqueda realizada el 10 de enero de 2004.

En este sentido, afirmamos que aunque hoy no hay «apóstoles» desde el contexto bíblico visto en este estudio, es decir, testigos presenciales de la resurrección de Cristo que colocaron el fundamento de la revelación de la salvación en Cristo, sí hay quienes hacen ministerio de naturaleza apostólica.

Hay que manejar ese término con el cuidado que corresponde, porque los restauracionistas no aceptan tal distinción. Insisten siempre en decir: «Si hay ministerio apostólico, quiere decir que hay apóstoles». Y por mucho que uno intente explicar que, por ejemplo, Timoteo hizo «ministerio apostólico» al ser el acompañante y sucesor de Pablo, pero nunca fue llamado «apóstol», simplemente no les «entra» la idea. Insisten entonces en que Timoteo fue también apóstol, a pesar de que no existe nada en la Biblia o la historia que lo afirme.

Ahora bien, ¿cómo es un ministerio de carácter apostólico? Bueno, es un ministerio en esencia misionero, que lleva el evangelio a lugares nuevos, inalcanzados, que planta iglesias, que forma líderes y ministros, que cumple un rol de padre espiritual de rectitud e integridad con el fin de dejar un ejemplo digno de ser imitado. Es, por tanto, un ministerio muy especial, que no se ve todos los días. Por otra parte, un ministerio apostólico auténtico no procura tomar el control de iglesias ya existentes, no está afanado en crear su propia «red» para gobernarla y administrar sus recursos financieros u otros, no se dedica a fomentar un culto de admiración y veneración del «apóstol» líder y no va por ahí «impartiendo» dones espirituales, ya que es el mismo Espíritu el que lo hace.

La evidencia bíblica e histórica nos da la solución al problema. Los padres del segundo siglo y después de este período reconocieron la singularidad del oficio de los apóstoles del primer siglo, por eso se negaron a usar el término para describirse a sí mismos como apóstoles. Esto lo hicieron para afirmar la singularidad y la primacía de las Escrituras canónicas, pero sin dejar de realizar grandes ministerios en lo referente a la predicación de la Palabra y la extensión de la iglesia por todo un mundo no alcanzado. Ellos comprendieron a la perfección que los apóstoles habían hecho su labor de establecer el fundamento, los cimientos de la iglesia, y que ahora les tocaba continuar la labor de edificar sobre aquel fundamento. Por lo tanto, nosotros también necesitamos vernos de la misma manera.

Esperamos que mientras perdure el restauracionismo apostólico de la actualidad, sus adeptos hagan esfuerzos reales para depurarlo de sus errores presentes y que se examinen a la luz de las faltas cometidas por otros que en el pasado cayeron en las mismas ideas.

Queda claro que el presente demanda líderes con visión espiritual de los tiempos que vivimos, comprometidos con la correcta y sana interpretación de las Escrituras, llenos del Espíritu Santo, que abunden de su fruto, dispuestos a servir más que a ser servidos, comprometidos con la causa de la evangelización del mundo entero y el cuidado eficaz de los discípulos del Señor. Que el Señor nos dé más líderes con tales virtudes, y que todas estas cosas contribuyan y produzcan buenos frutos para la gloria de Dios y no sean causa de división en la unidad de los hermanos.

BIBLIOGRAFÍA

MATERIALES PUBLICADOS

Aland, Kurt, *A History of Christianity*, Fortress Press, Philadelphia, PA, EE.UU., 1985.

Aune, David E., *Word Biblical Commentary – Revelation 6-16*, Thomas Nelson, Nashville, TN, EE.UU., 1998.

Barclay, William, *Comentario al Nuevo Testamento – Vol. 2 Mateo II*, Terrassa, España, CLIE, 1991.

Barron, Bruce, *Heaven on Earth?: The Social and Political Agendas of Dominion Theology*, Zondervan, Grand Rapids, MI, EE.UU., 1992.

Blumhofer, Edith L., *The Assemblies of God: A Chapter in the Story of American Pentecostalism – Volume 1 – To 1941*, Gospel Publishing House, Springfield, MO, EE.UU., 1989.

_____. *The Assemblies of God: A Chapter in the Story of American Pentecostalism – Volume 2 – Since 1941*, Gospel Publishing House, Springfield, MO, EE.UU., 1989.

_____. *Restoring the Faith: The Assemblies of God, Pentecostalism, and American Culture*, University of Illinois Press Chicago, IL, EE.UU., 1993.

Bruce, F. F., *The Epistle of Paul to the Romans*, Eerdmans, Grand Rapids, MI, EE.UU., 1973.

_____. *The Epistles to the Colossians, to Philemon, and to the Ephesians*, Eerdmans, Grand Rapids, MI, EE.UU., 1984.

Brumback, Carl, *Suddenly from Heaven, a History of the Assemblies of God*, Gospel Publishing House, Springfield, MO, EE.UU., 1961.

Calvino, Juan, *Institución de la Religión Cristiana*, Nueva Creación, Buenos Aires, Argentina, 1967.

Cannistraci, David, *The Gift of Apostle*, Regal Books, Ventura, CA, EE.UU., 1996.

Cowdery, Wayne L. et al, *Who Really Wrote the Book of Mormon?*, Vision House, Santa Ana, CA, EE.UU., 1977.

DeGroot, Alfred T., *The Restoration Principle*, Bethany Press, St. Louis, MO, EE.UU., 1960.

Eckhardt, John, *El ministerio y la unción del apóstol*, Crusader Ministries, Chicago, IL, EE.UU., 1993.

_____. *La iglesia apostólica, el plan de Dios para el tiempo final y su propósito para los últimos días*, Crusader Ministries, Chicago, IL, EE.UU., 1996.

_____. *Liderazgo: transición de lo pastoral a lo apostólico*, Crusader Ministries, Chicago, IL, EE.UU., 2000.

_____. *Manual de liberación y guerra espiritual*, Crusader Ministries, Chicago, IL, EE.UU., 2000.

_____. *Moviéndonos en lo apostólico*, Crusader Ministries, Chicago, IL, EE.UU., 1999.

_____. *Presbiterios y equipos apostólicos*, Crusader Ministries, Chicago, IL, EE.UU., 2000.

Fee, Gordon, *1 & 2 Timothy, Titus*, Hendrikson Publishers, Peabody, MA, EE.UU., 1988.

_____. *La lectura eficaz de la Biblia*, Editorial Vida, Miami, FL, EE.UU., 1981.

_____. *Listening to the Spirit in the Text*, Eerdmans, Grand Rapids, MI, EE.UU., 2000.

_____. *Primera epístola a los Corintios*, Nueva Creación, Grand Rapids, MI, EE.UU., 1994.

Feinberg, Charles, *Los profetas menores*, Editorial Vida, Miami, FL, EE.UU., 1989.

Flegg, Columba Graham, *Gathered Under Apostles – A Study of the Catholic Apostolic Church*, Clarendon Press, Oxford, UK, 1992.

Foulkes, Francis, *The Epistle of Paul to the Ephesians*, Eerdmans, Grand Rapids, Godim, Ricardo, MI, EE.UU., 1963. «¡No quiero ser apóstol!», *Apuntes Pastorales*, XXI-2 vols., pp. 26-27.

González, Eduardo, «Posición doctrinal de la Iglesia Evangélica Pentecostal de Cuba (Asambleas de Dios) ante la Nueva Reforma Apostólica», Dirección de Investigaciones Teológicas de las Asambleas de Dios de Cuba, La Habana, Cuba, 2004.

Grudem, Wayne, «Does God still give revelation today?», *Charisma*, septiembre de 1992.

Guelich, Robert A., *Word Biblical Commentary – Mark 1-8:26*, Word Publishing, Dallas, TX, EE.UU., 1989.

Guthrie, Donald y Motyer, J. A., *Nuevo Comentario Bíblico*, Casa Bautista de Publicaciones, El Paso, TX, EE.UU., 1996.

Hamon, Bill, *Apostles, Prophets, and the Coming Moves of God*, Destiny Image Publishers, Shippensburg, PA, EE.UU., 1997.

Hanegraaff, Hank, *Cristianismo en crisis*, Unilit, Miami, FL, EE.UU., 1993.

Hendriksen, Guillermo, *Comentario del Nuevo Testamento: exposición de Efesios*, T.E.L.L., Grand Rapids, MI, EE.UU., 1984.

_____. *Comentario del Nuevo Testamento: exposición de las epístolas pastorales*, T.E.L.L., Grand Rapids, MI, EE.U., 1979.

Hillerbrand, Hans, J. ed., *The Protestant Reformation*, Harper & Row, New York, NY, EE.UU., 1968.

Hollenweger, Walter J., *The Pentecostals*, Hendrickson Publishers, Peabody, MA, EE.UU., 1972.

Jackson, F. J. Foakes, *The History of the Christian Church – From the Earliest of Times to the Death of St. Leo the Great AD 461*, J. Hall & Sons, Cambridge, Reino Unido, 1905.

Kittel, Gerhard, *Theological Dictionary of the New Testament – Vol I*, «apokatastasis», Zondervan, Grand Rapids, MI, EE.UU., 1964.

Ladd, George Eldon, *A commentary on the Revelation of John*, Eerdmans, Grand Rapids, MI, EE.UU., 1972.

Latourette, Kenneth Scott, *Historia del cristianismo, tomo 1*, CBP, El Paso, TX, EE.UU., 1979.

_____. *Historia del cristianismo*, tomo 2, CBP, El Paso, TX, EE.UU., 1979.

Leupold, H.C., *Exposition of Zechariah*, Baker Book House, Grand Rapids, MI, EE.UU., 1971.

Lincoln, Andrew T., *Word Biblical Commentary – Ephesians*, Word Publishers, Dallas, TX, EE.UU., 1990.

McConnell, D.R., *A Different Gospel*, Hendrickson Publishers, Peabody, MA, EE.UU., 1988.

Menzies, William H., *Anointed to Serve*, Gospel Publishing House, Springfield, MO, EE.UU., 1971.

Meyers Carol L. y Meyers, Eric M., *The Anchor Bible – Haggai, Zechariah*, Doubleday, Garden City, NY, EE.UU., 1987.

O'Grady, Colm M.S.C., *The Church in Catholic Theology – a dialogue with Karl Barth*, Corpus Books, Washington, EE.UU., 1969.

Palma, Antonio, *Tesoros léxicos de la Palabra de Dios*, Editorial Vida, Miami, FL, EE.UU., 1995.

Paulk, Earl, *Ultimate Kingdom*, Kingdom Publishers, Atlanta, GA, EE.UU., 1987.

_____. *The Proper Function of the Church*, Chapel Hill Harvester Church, Atlanta, GA, EE.UU., s.f.

_____. *Unity of Faith*, Chapel Hills Harvester Church, Atlanta, GA, EE.UU., s.f.

Poewe, Karla, ed., *Charismatic Culture as a Global Culture*, University of South Carolina Press, Columbia, SC, EE.UU., 1994.

Richards, Le Grand, *Una obra maravillosa y un prodigio*, Deseret Book Company, Salt Lake City, UT, EE.UU., 1979.

Richardson, ed., Cyril C., *Early Christian Fathers*, Collier Books, New York, NY, EE.UU., 1970.

Riss, R.M., *Dictionary of Pentecostal and Charismatic Movements*, «Latter Rain Movement», Regency, Grand Rapids, MI, EE.UU., 1988.

_____. «The Latter Rain Movement of 1948», *Pneuma*, 4 vols., No.1, primavera, 1982.

Roberts, Alexander y Donaldson, James, ed., *The Ante-Nicene Fathers – Volume 2*, «The máster Christian Library –Version 5», CD ROM, AGES Software, Albany, OR, EE.UU., 1997.

Shelley, Bruce L., *Church History in Plain Language*, Word Publishing, Dallas, TX, EE.UU., 1982.

Stothard, H.K., «Apostolic Authority», *Christianity Today*, 7 de noviembre de 1969.

Stott, R. W., *The Message of Ephesians*, Intervarsity Press, Leicester, UK, 1979.

Synan, Vinson, «Who are the modern apostles?», *Ministries Today*, marzo-abril de 1992.

Torres, Hector, *La restauración de los apóstoles y profetas*, Thomas Nelson Publishers, Nashville, TN, EE.UU., 2001.

Tristano, Richard M., *The Origins of the Restoration Movement*, Glenmary Research Center, Atlanta, GA, EE.UU., 1988.

Unger, Merrill, *Zacarías: profeta de la gloria mesiánica*, Zondervan, Grand Rapids, MI, EE.UU., 1963.

Van Wagoner, Richard S., *Sidney Rigdon – A Portrait of Religious Excess,* Signature Press, Salt Lake City, UT, EE.UU., 1994.

Wagner, C. Peter, *Apostles and Prophets – the Foundation of the Church,* Regal Books, Ventura, CA, EE.UU., 2000.

_____. *Terremoto en la iglesia,* Caribe-Betania, Nashville, TN, EE.UU., 2000.

Watt, Peter, *From Africa's Soil – The Story of the Assemblies of God in Southern Africa,* Struik Christian Books, Ciudad de Cabo, Sudáfrica, 1992.

Whitmer, David, *An Address to all Believers in Christ 1887,* Pacific Publishing CO., Concord, CA, EE.UU., 1960.

Williams, Roger, *The Complete Writings of Roger Williams – 4 vols.,* Russell & Russell, New York, NY, EE.UU., 1963.

_____. *The Complete Writings of Roger Williams – 5 vols.,* Russell & Russell, New York, NY, EE.UU., 1963.

_____. *The Complete Writings of Roger Williams – 7 vols.,* Russell & Russell, New York, NY, EE.UU., 1963.

Wilson, Everett A., *Strategy of the Spirit – J. Philip Hogan and the Growth of the Assemblies of God Worldwide 1960-1990,* Paternoster Press, Cumbria, Inglaterra, 1997.

MATERIALES EN INTERNET

Asher, Louis F., «Was Roger Williams Really a Baptist?», publicación digital en la web http://www.geocities.com/Athens/Delphi/8297/asherw.htm. Búsqueda realizada el 12 de marzo de 2005.

Bernstein, Keith, «The Oneida Community», publicación digital en la web http://religiousmovements.lib.virginia.edu/nrms/Oneida.html. Búsqueda realizada el 10 de julio de 2003.

Bethel, Michael, «The Pentecostal Latter Day Saints», publicación digital en la web http://www.sas.upenn.edu/~dbowie/restore/plds.html. Búsqueda realizada el 15 de agosto de 2003.

Clark, Dr. Mathew, «The history and development of pentecostalism in Southern Africa», publicación digital en la web http://www.apts.edu/caps/Occasional%20lecture/series03/. Búsqueda realizada el 10 de febrero de 2004.

Ham, F. Gerald, «The prophet and the mummyjums», *Wisonsin Magazine of History,* 56 vols., No. 4, verano de 1973, publicación digital en la web http://www.sidneyrigdon.com/features/pilgrim1.htm. Búsqueda realizada el 20 de octubre de 2007.

Harris, Malcolm, «History of the Coastal Assemblies of God», publicación digital en la web http://www.caog.org.za/hist.asp. Búsqueda realizada el 10 de febrero de 2004.

Ivey, Michael, «A Welsh Succession of Primitive Baptist Faith and Practice», Denton, TX, s.p., publicación digital en la web http://www.pb.org/pbdocs/chhist5.html. Búsqueda realizada el 12 de marzo de 2005.

Millard, J. A., «Bhengu, Nicholas - 1909 to 1985, Pentecostal South Africa», publicación digital en la web http://www.gospelcom.net/dacb/stories/southafrica/ bhengu_nicholas.html. Búsqueda realizada el 22 de enero de 2004.

Presbiterio General de las Asambleas de Dios de Estados Unidos, «Apostolic Ministry and the U.S. Assemblies of God — Operational Definition», publicación digital en la web http://ag.org/top/gc2003/resolutions/index.cfm. Búsqueda realizada el 10 de enero de 2004.

S.A., «C. Peter Wagner», publicación digital en la web http://www.globalharvest. org/index.asp?action=peter. Búsqueda realizada el 10 de octubre de 2004.

S.A., «José Luís de Jesús Miranda dice ser el Anticristo», publicación digital en la web http://www.noticiascristianas.org/index.php?news=181. Búsqueda realizada el 15 de diciembre de 2007.

S.A., «Testimonios en Creciendo en Gracia», publicación digital en la web http:// www.creciendoengracia.com/preguntas/testimonios/2008/test_ene_03_2008. html. Búsqueda realizada el 5 de enero de 2008.

S.A., «The Ellen White Research Project», publicación digital en la web http:// www.ellenwhite.org/egw2.htm#pt1. Búsqueda realizada el 1 de julio de 2007.

S.A., «The Stated Policy for the Group», publicación digital en la web http:// www.assemblies.org.za/Directory/assembliesp.htm. Búsqueda realizada el 10 de febrero de 2004.

S.A., «World Breakthrough Network – We Relieve», publicación digital en la web http://www.wbnetwork.org/spanish/beliefs.html. Búsqueda realizada el 12 de marzo de 2004.

Storms, Sam, *Men and Women in Ministry: Was Junias a Female Apostle?*, publicación digital en la web http://www.enjoyinggodministries.com/article/men-and-women-in-ministry-was-junias-a-female-apostle. Búsqueda realizada el 10 de octubre de 2007.

Zarella, John y Oppmann, Patrick, «Pastor with 666 tattoo claims to be divine», CNN, febrero 19 de 2007, publicación digital en la web http://www.cnn. com/2007/US/02/16/miami.preacher/index.html. Búsqueda realizada el 15 de noviembre de 2007.

MATERIALES NO PUBLICADOS

Arboleda, Samuel, «Apóstoles y profetas hoy», ponencia presentada al Presbiterio General de las Asambleas de Dios del Perú, Lima, Perú, 11 de diciembre de 2001.

_____. Grabación de sermón predicado en el Centro de Estudios Teológicos, Santiago, Chile, junio de 2001.

Carpenter, Ramón, *Apuntes de neumatología exegética*, Facultad de Teología de las Asambleas de Dios, Asunción, Paraguay, junio de 2003.

Grabill, Paul, *Restoration of Five-fold Ministry Gifts: Are There Apostles and Prophets Today?*, borrador de documento posicional para la Comisión de Pureza Doctrinal de las Asambleas de Dios en Estados Unidos, s.f.

Presbiterio General de las Asambleas de Dios de Estados Unidos, «Apóstoles y profetas», adoptado por el Presbiterio General, 6 de agosto de 2001.

_____. *Endtime Revival – Spirit-Led and Spirit-Controlled – A Response Paper to Resolution 16*, 11 de agosto de 2000.

Presbiterio General de las Asambleas de Dios de Guatemala, «El apostolado bíblico», declaración oficial, s.f.

Wilson, Jason, «Does God Call Apostles Today?», tesis de maestría, Talbot School of Theology, Biola University, CA, EE.UU., abril de 1999.

Wood, George, «Apostleship in the Church Today», alocución dada a superintendentes y secretarios distritales y presidentes de universidades, apuntes del autor no publicados, 5 de diciembre de 2000.

Nos agradaría recibir noticias suyas.
Por favor, envíe sus comentarios sobre este libro
a la dirección que aparece a continuación.
Muchas gracias.

Vida@zondervan.com
www.editorialvida.com